本書出版得到唐山師範學院『冀東文獻出版基金』資助

裴學海 著

郭萬青 整理

# 裴學海著作集

## 對於高中《文學》課本注釋的商榷

鳳凰出版社

圖書在版編目（ＣＩＰ）數據

對於高中《文學》課本注釋的商榷 / 裴學海著 ; 郭
萬青整理. -- 南京 ： 鳳凰出版社, 2023.12
（裴學海著作集）
ISBN 978-7-5506-4094-8

Ⅰ. ①對… Ⅱ. ①裴… ②郭… Ⅲ. ①中學語文課－
教材－研究－高中 Ⅳ. ①G633.302

中國國家版本館CIP數據核字(2023)第238556號

| | | |
|---|---|---|
| 書 名 | 對於高中《文學》課本注釋的商榷 | |
| 著 者 | 裴學海 著 郭萬青 整理 | |
| 責 任 編 輯 | 郭馨馨 | |
| 裝 幀 設 計 | 陳貴子 | |
| 責 任 監 製 | 程明嬌 | |
| 出 版 發 行 | 鳳凰出版社(原江蘇古籍出版社) | |
| | 發行部電話025-83223462 | |
| 出 版 社 地 址 | 江蘇省南京市中央路165號,郵編:210009 | |
| 照 排 | 南京凱建文化發展有限公司 | |
| 印 刷 | 江蘇鳳凰數碼印務有限公司 | |
| | 江蘇省南京市棲霞區堯新大道399號,郵編:210038 | |
| 開 本 | 880毫米×1230毫米 1/32 | |
| 印 張 | 5 | |
| 字 數 | 117千字 | |
| 版 次 | 2023年12月第1版 | |
| 印 次 | 2023年12月第1次印刷 | |
| 標 準 書 號 | ISBN 978-7-5506-4094-8 | |
| 定 價 | 48.00圓 | |
| | (本書凡印裝錯誤可向承印廠調換,電話:025-57718474) | |

# 整理説明

裴學海(1899—1970)，七歲入本鄉私塾就讀，後就學於灤縣師範講習所，畢業後一邊教學一邊自修，刻苦自勵，尤好經學與小學。自 1921 年開始在報刊上發表文章，1925 年報考清華大學國學研究院研究生，得中，因病，遲至 1927 年入學讀書，從學於梁啓超、陳寅恪、趙元任、林宰平等學術大師。1928 年畢業之後到天津教家館，抗戰爆發之後返鄉避禍。後在天津市立中學任教。1954 年，到津沽大學(該校 1956 年改天津師範學院，1962 年改名河北大學)任教，擔任古代漢語等課程教學工作，從學助手有程垂成、謝質彬等。後加入中國民主同盟，曾任民盟天津市委員會委員。"文化大革命"中，被遣返回原籍，許多手稿在抄家時遺失。1970 年，因心臟病發作去世。

裴學海精研《尚書》《左傳》《孟子》等經學要籍，在語法、音韻、訓詁等方面卓然成家，二十世紀三四十年代即已享譽學界。著名學者吳其昌謂裴學海可與乾嘉時期學術大家爲匹儔，梁啓超認爲裴學海守樸學家法。他的著作只有《古書虛字集釋》風行宇內，有1933 年商務印書館版和中華書局 1954 年修訂版，至今已經在海內外有十幾個版本，發行量數十萬，被很多古代漢語教材、古漢語詞典列爲古漢語虛詞研究必備參考用書。由於裴學海長期在中學教書，進入大學掌教席時間較短，學術傳承不盛。故他的其他著述多散見於報章，未能以更適合傳布的形式流布人間，嘉惠學界。檢其著述,除了《古書虛字集釋》之外,還有《孟子正義補正》《對於四書講義之研究》《大學疑義訂解》《中庸疑義訂解》《評高郵王氏四種》《經義述聞補正》《經傳釋詞志疑》《對於高中〈文學〉課本注釋的商榷》《尚書札記》《尚書成語研究》《尚書盤庚篇釋義》《評尚書孔傳與蔡傳之優劣》《水心室隨筆》《朱子詩集傳之批評》《禮記札記》《離騷訂解》《清代小學三大家成績比較》《古漢語兩種否定句式舉例》《古書疑義舉例四補》《評古書疑義舉例之謬誤》《群經平議正誤》《音韻考原》《隋時"支""脂""之"同音考》《古聲紐"船""禪"爲一、"從""邪"非二考》《切音淺説》《左傳札記》《毛詩韻》《古漢語》《工具書使用法》等,多散見於報章或以油印本、内部印刷本的形式流傳。

　　《對於高中〈文學〉課本注釋的商榷》是對 1956 年人民教育出版社出版的高中課本《文學》第一册前八課所收録《詩經》、《左傳》、屈原作品、《戰國策》、《史記》、漢樂府中的先秦兩漢時期古典作品的注釋進行商榷的文字,共 192 條,另附 1956 年出版初三語文教材所收《廉頗藺相如列傳》注釋商榷文字 8 條,合共 200 條。涉及文字通假、詞語訓釋、語法分析、語境解讀以及版本校勘等問題,裴學海皆一一爲釐清疑難。高中課本《文學》第一册所收的這些作品,是此後中學語文教材的重點篇目或選讀篇目,是大學古漢語教材、古代文學教材的重要選入篇目,故《對於高中〈文學〉課本注釋的商榷》不僅爲教材選篇提供參考,同時爲《詩經》《左傳》《楚辭》《戰國策》《史記》《漢樂府》的相關篇章疑詁的解決提供重要學術參照。該撰述是裴學海學術成熟時期的著作,對研討裴學海學術研究之演進及其學術旨趣具有重要的文獻價值與學術價值。

## 一、《對於高中〈文學〉課本注釋的商榷》撰述緣起

語文課實行漢語、文學分科編教材並實行分科教學，是在借鑒前蘇聯俄語、文學分科教學的基礎上，對提高當時中學語文教學水準的一次有益嘗試，國內較早由胡喬木於 1951 年提出。1953 年 12 月，當時的中央語文教學問題委員會向中共中央提交《關於改進中小學語文教學的報告》，中央政治局擴大會議於 1954 年 2 月批准。當時的設想，初中語文分漢語、文學，高中暫不設漢語，只編文學課本，故教育部出臺有《初級中學漢語教學大綱草案》《初級中學文學教學大綱草案》和《高級中學文學教學大綱草案》，人民教育出版社組織編寫初中《漢語》《文學》和高中《文學》。1954 年 12 月 19 日，徐復先生撰寫了《怎樣開展中等學校的語言教學》一文，發表在 1955 年 2 月號的《南師校刊》上，指出中學語文教學應該實行語言和文學分科教學，並以斯大林《馬克思主義的語言問題》爲理論指導，對中學語言教學的本質、重點進行了揭示，謂語言教學是一種思想訓練，應在強調辭彙教學的同時重視語法教學。

1956 年 4 月，人民教育出版社出版高中課本《文學》第一册，張畢來、蔡超塵主編，馮鍾芸、李光家、董秋芳、韓書田、余文、姚韻漪、張傳宗、梁伯行、周同德編，葉聖陶、吳伯蕭、朱文叔校訂。該本教材按照文學史順序依次收錄了《詩經》《論語》《左傳》《孟子》《屈原》《戰國策》《文學史概述(一)》《司馬遷》《漢樂府》《古詩十九首》《曹植》《陶淵明》《搜神記》《世說新語》《南北朝樂府》《文學史概述(二)》十六篇課文。這本教材甫一問世，不僅在中學語文教學領域引起較大的轟動，而且高校、出版社也積極配合教材開展了諸多的教師培訓與古典文學普及讀物的出版。1956 年 11 月新華社北京 13 日電文題目爲"北京大規模組織中小學教師業餘

進修"。各地紛紛開辦各種中學語文教師培訓班,結合剛剛出版的高中《文學》課本第一冊,對中學語文教師進行培訓。

這本教材也引起了很多學者的關注。如姚奠中 1956 年 7 月為山西高中語文教師進行暑期培訓,講授古典文學作品的分析問題,所舉諸例皆高中文學課本第一冊文選(《關於古典文學作品的分析問題》,《文史論述》,北京:商務印書館 2015 年版,第 282—287 頁)。徐復先生於 1956 年 7 月份即撰成《從語言上推測〈孔雀東南飛〉的寫定年代》,所用材料即高中《文學》課本第一冊和教學參考書。1956 年 12 月中旬,華東師範大學中文系中國古典文學教研組舉行第三次科學討論會,由施蟄存主持,討論高中文學課本中漢樂府詩,對《孔雀東南飛》產生的時代進行了討論。孫作雲撰有《新編高中課本〈文學〉第一冊〈詩經〉注釋的補充與商榷》,發表在《語文教學通訊》1956 年第 6 期上。另有李金牧《評余冠英〈詩經六篇今譯〉及對高中文學課本〈詩經〉注釋的一些商榷》(《北京文藝》1956 年第 10 期)、傅玉品《讀〈評余冠英詩經六篇今譯及對高中〈文學〉課本詩經注釋的一些商榷〉後的一些意見》(《北京文藝》1956 年第 11 期)、張傳宗《中學文學科古典作品的教學》(《語文學習》1956 年第 11 期)、段熙仲等《對於中學〈文學〉課本注釋的一些意見》(《語文教學》1957 年第 2 期)、關玉文《〈文學〉課本中若干文言虛詞的解釋》(《語文學習》1957 年 4 月號)、羅英風《古典文學作品的辭彙教學》(《中學教育》1957 年第 6 期)等。中國青年出版社 1957 年編輯出版了《怎樣自學——和青年談學習文化科學知識》,其中收有周振甫先生的《怎樣自學文學和漢語》,文學部分即用高中《文學》課本作為例子進行論析。另外,方雨人和王家第還於 1957 年在新知識出版社編著出版《中學文學和漢語教學》一書,對漢語、文學教學、教材諸多問題進行了探討。

裴學海因為長期在中學教書,後雖入大學掌教席,仍對中學語文教材、教學保持較高的關注,故在讀了高中《文學》課本第一册之後,對其中注釋、翻譯等值得商榷之處進行了條辨,總共寫了192條,加上對初中文學課本注譯的辨析,共200條,作爲"天津師範學院叢書"於1957年發行,又發表在《天津師範學院科學論文集刊(人文科學)》1957年第1期上。

## 二、《對於高中〈文學〉課本注釋的商榷》的基本内容

李炳德在2015年2月4日《今晚報》第13版副刊發表《裴學海的一篇文章》,對裴學海《對於高中〈文學〉課本注釋的商榷》體例及基本内容進行了揭舉總結,謂:"其體例是首先列出作品的原文,接著引用值得商榷的内容,然後以'學海按'的形式具體提出個人看法。綜觀全文的'學海按',我做了一下歸納,裴先生認爲課本注釋或譯文存在十個方面的問題:不明確;不够妥當;近於附會;不正確;不合邏輯;未得作者語意;未得古人屬辭之通例;不得其解而强爲之辭;沿舊注之誤;於古無徵。裴先生針對'注釋'存在的具體問題,綜合運用文字學、音韻學、訓詁學等方面的知識,引舉大量例證,進行深入分析。"

從研究對象上而言,裴學海200條考校成果涉及經史子集四大部類,以上古文獻爲主,中古文獻次之,這當然是由高中《文學》課本第一册的内容設置決定的。課本注釋無非涉及注得對不對、譯得準不準,裴學海的200條考校主要圍繞這兩點展開,其間涉及名物、詞語、句式等相關訓釋。例如:

關關雎鳩

注釋③:雎鳩,鳩类的鳥,相傳这种鳥雌雄經常相守不離。(《關雎》)

學海按:"注釋"謂雎鳩鳥是雌雄經常相守不離,没有證

據。雎鳩是鷙（鷙，猛也。）鳥，雌雄不匹處。（劉向《列女傳·仁智篇》："雎鳩之鳥，猶未嘗乘居而匹處也。"《廣雅》："乘，二也。"）以聲相求，（《後漢書·馮衍傳》注引薛夫子《韓詩章句》曰："詩人言雎鳩貞絜，以聲相求，必於河之洲，蔽隱無人之處。"絜，同潔。）說詳馬瑞辰《毛詩傳箋通釋》。

按：本條釋名物。具體而言，即對雎鳩的認識問題。今檢孫作雲謂："課本原注說：'鳩類的鳥，相傳這種鳥雌雄經常相守不離。'也許是的。要知道：《詩經》中的戀歌，往往用魚、釣魚、鳥兒捕魚等事作比喻，或作起頭——就是在古書上所謂'興'；本詩用'關雎'起興，也許有同樣意思。"[1]從孫作雲的考證看，裴學海先生僅從"雎鳩"本身而言，而孫作雲先生則從"關關雎鳩"的功能上而言，故他對課本"雌雄經常相守不離"之說並不決然反對。二氏皆以"雎鳩"為猛禽。聞一多《詩經講義》引《淮南子·泰族訓》，謂："《關雎》興於鳥，而君子美之，為其雌雄不乖居也。"[2]正從起興功能與雎鳩雌雄相守的呼應角度進行論析，可和孫作雲之說相參。又聞一多引《素問·陰陽自然變化論》："雎鳩不再匹。"《易林·今之同人》："貞鳥雎鳩，執一無尤。"[3]吳小峰引《左傳·昭公十七年》"雎鳩氏，司馬也"杜注："以其摯而有別，故為司馬，主法制。"並謂："鷙言其性情剛猛，正因其性情之剛猛，故能守其別而不亂。不亂有兩層含義，守中不亂或身心不亂，二是不亂群，唯其能守中，所以能不亂群。"亦引《列女傳》並謂："雎鳩，一巢二室，

〔1〕　孫作雲：《新編高中課本〈文學〉第一冊〈詩經〉注釋的補充與商榷》，氏著《詩經研究》，開封：河南大學出版社 2003 年版，第 469 頁。
〔2〕〔3〕　聞一多：《聞一多詩經講義》，長春：吉林出版集團股份有限公司 2017 年版，第 50 頁。

雌雄異居,性不雙侶,死不再匹。"〔1〕其説雖未必可信,但爲理解
提供了思路,"一巢二室,雌雄異居,性不雙侶,死不再匹",既然是
"性不雙侶,死不再匹",自然就是"相守不離",即便"雎鳩"是猛
禽,"不匹處",但又"執一無尤"。且課本注釋有"相傳"二字,明據
舊説,"没有證據"是正常的。裴學海據别種舊説反對課本之舊
説,亦缺乏足夠證據。


　　氓之蚩蚩

　　注釋⑤:那個人看樣子很老實忠厚。氓,民。蚩蚩,忠厚
的樣子。

　　學海按:"氓之蚩蚩"就是"蚩蚩之氓",與"漸漸之石"(見
《詩·漸漸之石篇》。漸漸同"嶄嶄",高峻的樣子。)的句法相
同。"漸漸之石"(之—的)的"漸漸"是定語,"氓之蚩蚩"的
"蚩蚩"也是定語,不過因爲協韻而把"蚩蚩"移到"氓"字的下
面。("氓"是中心詞,普通句式定語在中心詞前面,如"漸漸
之石","石"是中心詞,"漸漸"是定語。特殊句式則把定語移
到中心詞下面,如此文"氓之蚩蚩"。)注釋的解説,是以"蚩
蚩"爲"氓"的謂語,以特殊句式爲普通句式,就錯誤了。
《詩·六月篇》:"侯誰在矣? 張仲孝友。"也是這種句式。"孝
友"是"張仲"的定語,"張仲"是中心詞。改爲普通句式,就是
"孝友張仲",與"顯允方叔"(《詩·采芑篇》)句法同。"氓之
蚩蚩"的句法,在屈原賦裏甚多,如"載雲旗之委蛇",(見《離
騷》,就是"載委蛇之雲旗"。)"報大德之優遊","冠切雲之崔
嵬",(皆見《九章》。即"報優遊之大德","冠崔嵬之切雲"。

〔1〕 吴小峰:《思無邪:〈詩經·關雎〉講疏》,陳暢主編《儒學與古典學評論》第 3 輯,
上海:上海人民出版社 2015 年版,第 362 頁。

切雲,冠名。)都是因爲協韻的關係。也有不屬於協韻的,如
"駕八龍之婉婉兮""陟升皇之赫戲兮",(都見《離騷》。即"駕
婉婉之八龍兮""陟升赫戲之皇兮"。)"帶長鋏之陸離兮","哀
州土之平樂兮"。(皆見《九章》。即"帶陸離之長鋏兮","哀
平樂之州土兮"。)

　　按:裴學海本條探討譯文和正文語序的對應問題。課本直接
按照"氓之蚩蚩"原文語序進行翻譯。但裴學海認爲"氓之蚩蚩"
正常語序當爲"蚩蚩之氓",《詩經》本文之所以作"氓之蚩蚩",是
出於協韻。檢曾運乾即謂:"本爲'蚩蚩之氓',此倒文以取韻
例。"[1]裴氏之説與曾同。當然,裴學海列舉《詩經》《楚辭》多處
爲例,以説明之,增加了很多證據。


　　　爾卜爾筮
　　　注釋②:你占卦的結果。
　　　學海按:注釋以兩個"爾"字爲主語,是錯誤的。兩個
"爾"字,是"卜"和"筮"的賓語,是賓語前現的句法。鄭箋云:
"爾,女(音汝)也。復關既見,此婦人告之曰:'我卜女筮女,
宜爲室家矣。'"可以爲證。爾卜爾筮,與"予取予求"、(《左
傳·僖公七年》:"予取予求,不女疵瑕也。")"我叱我呵"(韓
愈《送窮文》)句法同。(予取予求,即取我求我;我叱我呵,
即叱我呵我。)


　　按:此釋賓語前置。

〔1〕　曾運乾:《毛詩説》,長沙:岳麓書社1990年版,第61頁。

淇則有岸，隰則有泮。總角之宴，言笑晏晏，信誓旦旦，不思其反。

注釋：⑧淇水還有個岸，低濕的窪地還有個邊。意思是説，什麽東西都有一定的限制，可是那個男子的心却是全無約束，不可捉摸。則，助詞。⑨少小時候歡樂相處，兩個人有説有笑，古代少年男女把頭髮扎成了髻，叫“總角”。後來就用“總角”作爲“少年時期”的代稱。⑩兩人的誓言是清清楚楚的，誰没想到誰會變心。旦旦，明白清楚。反，反復。

學海按：“泮”下當用分號，不當用句號。自“淇則有岸”至“不思其反”是説“人違背了信誓，不如淇水有岸，窪地有邊”。注釋説“淇水還有個岸”，以“還”字代“則”字是正確的；（則，尚也。“尚”即口語之“還”。《墨子·明鬼篇》：“且周書獨鬼，而商書不鬼，則未足以爲法也。”《禮記·檀弓篇》：“爲人臣者，殺其身，有益於君則爲之，況於其身以善其君乎？”“則”皆當訓“尚”。“於其身”之“於”字訓大。）又説“則，助詞”，就錯誤了。“總角”指新婚的時候而作，所謂“結髮爲夫妻”，“結髮”就是“總角”。（毛傳：“總角，結髮也。”）注釋謂總角爲少年時期的代稱，是不够明確的。“不思其反”之“其”字作“而”解，（“其”訓“而”，説詳《古書虚字集釋》）“反”下省略賓語“是”字，（下文“反是不思”，“反”下就有“是”字。）就是“不思而反是”，（是，此也。）也就是“你不思念而違背了誓言”。注釋解“不思其反”爲“誰也没想到誰會變心”，是不够正確的。這一個複合句當作“淇水還有岸，窪地還有邊；新婚時候的安樂，説説笑笑是柔和的，誓言是明明白白的，你却不思念而違背了誓言”。

本條對課本標點符號提出質疑，進而進行了仔細分析。

　　除了文字、音韻、訓詁之外，還大量運用語法分析，某些條目還以方言尤其以冀東方言進行類比。例如：

　　　　坎坎伐檀兮
　　　　注釋⑨：檀，一種樹，木材可以造車。
　　　　學海按："檀"在此處不當作樹名解。"檀"爲"團"之借字。（《莊子‧天下篇》之"桓團"，《列子》作"韓檀"。）"團"是載柩車之輪。此詩第二章言"伐輻"，第三章言"伐輪"，都與言"伐團"相同。詩人謂伐木材做輪叫作"伐輪"，砍木材做輻叫作"伐輻"，砍木材做團叫作"伐團"，砍樹枝做柯叫作"伐柯"，（《南山篇》："伐柯如之何？匪斧不克。""柯"是斧子柄。）砍木材做琴瑟叫作"伐琴瑟"。（《定之方中篇》："樹之榛栗，椅桐梓漆，爰伐琴瑟。"）今冀東方言還沿用這種說法，如甲問乙說，"你拿著斧子做啥去？"（冀東方言謂"什麼"曰啥。）乙答對說，"砍根椽子去"。就是例證。《儀禮‧士喪禮篇》鄭注云："載柩車，《周禮》謂之蜃車。《雜記》謂之團。"今本《禮記‧雜記篇》作"載以輲車"，鄭注云："輲，讀爲'輇'，或作'槫'。許氏《說文解字》曰：'有輻曰輪，無輻曰輇。'""團"與"槫"同音，所以或寫作"團"，或寫作"槫"。輲、輇同字，（見《玉篇》。）古音也與"團"同。

　　本條就是用冀東方言做例證進行說明，蓋謂句中"檀"字不是樹木之名，而是器具名稱。實際上，不僅冀東方言如此，北方方言中如此用者較多，即不出現工具的直接作用對象，而是以直接作用對象形成的後果或結果出現。

### 三、《對於高中〈文學〉課本注釋的商榷》的學術價值

裴學海《對於高中〈文學〉課本注釋的商榷》不僅是對 1956 年高中《文學》課本第一册注釋的商榷，而且是裴學海多年研玩群籍、薈萃學術的精心結撰，是一部具有很高學術水平的文獻訓詁考校專著。

#### （一）本書是裴學海前半生古籍考校的實踐總結

1921—1927 年前後，裴學海在《益世報》副刊發表了大量集句文章，集句來源以《尚書》《詩經》《左傳》《四書》爲主。1927 年 3 月開始，在《益世報》連載《水心室隨筆》；1927 年 8 月始，在《益世報》連載《對於四書講義之研究》；同年度，還發表有《群經平議正誤》《評古書疑義舉例中之謬誤》《評鄭康成箋注之失誤》《對於朱子詩集傳之批評》。1928 年 4—6 月，連載《經義述聞補正・左傳》；同年 6 月，連載發表《經義述聞補正・尚書》。1929 年，發表《王氏經傳釋詞志疑》。1930 年，在《國學論叢》發表《孟子正義補正》。1934 年，在《鈴鐺》發表《尚書成語之研究》。1936 年 4 月，在《大中時報》分兩期發表《禮記札記》。1936 年 5 月—1937 年 6 月，在《大中時報》連載《尚書札記》。1937 年，在《國學》第 1 卷第 1 期發《中庸疑義訂解》《大學疑義訂解》《離騒訂解》《尚書盤庚篇釋義》。此外，李實忱創辦國學研究社（1932—1937），聘請裴學海主講《左傳》。1945—1948 年期間在崇化學會兼職。

從裴學海 1927—1937 年發表的大量群書校詁著述來看，他的主要學術研究放在《尚書》《詩經》《左傳》《禮記》《大學》《中庸》《孟子》等經部要籍及其著述以及王引之《經義述聞》、王引之《經傳釋詞》、俞樾《群經平議》《古書疑義舉例》等著述方面。大量的古籍校詁類成果都集中在這十年間發表，此後再無大批量的古籍考校成果問世。這當然和當時的社會背景有關，也和他的學術旨

趣的轉向密不可分。

在《對於高中〈文學〉課本注釋的商榷》一書中,裴學海不僅揭出教材注釋、翻譯字不當,而且往往從文例、文字、音韻、語法、方言、修辭等角度出發,進行綜合性考校,所涉問題往往有溢出課本之外者,故本書實爲裴學海古籍考校實踐總結之作,具有很高的綜合學術價值,遠非一般的中學古詩文疑難解析可比,也不能以中學古詩文疑難解析讀物視之。

(二) 本書是裴學海學術方法與時代同步的有力見證

裴學海早年因讀高郵二王與俞樾的著述走上治學的道路。故其 1927—1937 年的古籍考校成果也往往以乾嘉以來的學術方法從事學術研究。如其久負盛名的《古書虛字集釋》,即多有補正高郵二王及俞樾諸書之處。李實忱序謂《古書虛字集釋》:"引證詳博,解釋正確,凡於對文、變文、古音、今音、通假轉變,莫不極深研幾,期於毫無疑義。且於王懷祖《廣雅疏證》《讀書雜誌》、王伯申《經傳釋詞》《經義述聞》、俞蔭甫《群經平議》《諸子平議》《古書疑義舉例》諸書,多能補其闕、正其誤。"其自叙也稱:"素服膺高郵王氏父子,喜研聲音訓詁之學。"

但裴學海的學術研究方法以及學術觀念與時俱進,不斷發展。即便深受高郵二王影響的《古書虛字集釋》,裴學海也有不同於高郵二王的治學方法。程垂成認爲,(1)和高郵二王儘管比較尊重語言實際,但又好"心知其意",但旁訓基本做到從語言實際出發,用語言材料來解決問題;(2)裴學海雖然和王引之一樣,解釋虛字用"猶"這一術語,但裴學海注意到虛字一般用法和罕見用法的區別,這是王引之所忽略的;(3)在運用校讀法時,王氏父子重校訂,裴學海重訓釋。所以程垂成認爲,裴學海的《古書虛字集釋》"繼承了王氏父子之學,但他突破了王氏父子的樊籬,把古書虛字的研究工作向前推進了一步"(程垂成《關於〈古書虛字集釋〉

及其修訂稿》,《南開學報》1981 年第 4 期)。

　　據初中時從裴學海就讀的語言學家蘇培成回憶:"我是 1948年在天津升入中學的。……初三的語文老師是著有《古書虛字集釋》的裴學海先生。他給我們講語法,用吕叔湘先生出版不久的《語法學習》爲課本。他結合文言文教學,告訴我們古漢語裏否定句代詞賓語要前置。……到了高中,我一方面從老師那裏學到許多新知,一方面從課外閱讀裏開闊了眼界。高中時,報告文學這種文體剛剛興起,我的語文老師就給我們做了介紹。張相的《詩詞曲語辭匯釋》出版不久,老師告訴我們這是本很重要的書,有許多創新。"[1]蘇培成《〈語法修辭講話〉是我終生的老師》謂:"1951 年上半年,我在天津第三中學讀初中三年級。那一年教我語文的是著有《古書虛字集釋》的裴學海先生。裴老師在清華國學研究院從名師深造,對語言學有深厚的修養。就在那個時候,《開明少年》雜誌開始連載吕叔湘先生寫的《語法學習》,裴老師就把吕先生的文章拿來在課堂上講解,這是我第一次接觸語法。"[2]可見,他隨時關注學術動態,並把最新的研究成果在課堂上向學生傳授。《語法學習》是吕叔湘在《開明少年》和《進步青年》上連載的語法普及之作,後結集由中國青年出版社 1953 年出版。可見,裴學海順應時代發展的需要,主動接受新鮮的學術觀點以及學術方法。他在《古書虛字集釋》中採取以傳統訓詁方法訓釋虛字的研究,而在本書中,已經純熟地運用現代語法學方法和術語進行語言分析了。

　　不僅在學術方法上借鑒最新成果,即便在具體考辨上也對新出成果給予了高度重視。本書在考校具體條目時,不僅徵引了孫

---

〔1〕　蘇培成:《語言文字應用探微》,北京:商務印書館 2019 年版,第 142—143 頁。
〔2〕　蘇培成:《語言文字應用論集》,北京:人民教育出版社 2015 年版,第 144 頁。

詁讓《札迻》、李慈銘《越縵堂讀書記》、聞一多的諸多考校成果,還
徵引了郭沫若《屈原賦今譯》(人民文學出版社 1953 年版)、管燮
初《殷墟甲骨刻辭的語法研究》(科學出版社 1953 年版)、余冠英
《樂府詩選》(人民文學出版社 1954 年版)、章錫琛《馬氏文通校
注》(中華書局 1954 年版)等新出學術著作。

(三) 對漢語史研究具有重要學術價值

裴學海在本書中綜合運用了傳統語言學和古典文獻學的多種
方法,對文字、訓詁、方言、文獻都具有重要學術價值。裴學海在具
體條目考辨中還對其中的詞彙、語法現象進行了普遍意義的總結。

第 16 條云:"在《三百篇》裏,上句的謂語和下句的主語意義
相同的,有三種說法,一種是:文字完全相同,如《裳裳者華篇》'我
覯之子,維其有章矣。維其有章矣,是以有慶矣'。一種是:下句
的主語和上句的謂語一半相同,一半不相同,其不相同的和相同
的意義相類,如《假樂篇》'受福無疆,四方之綱。之綱之紀,燕及
朋友'。一種是:下句的主語和上句的謂語變換了句式。"這是對
《詩經》句法的總結。第 58 條謂:"屈原賦里有三音節的同義複合
詞。"這是對專書詞彙構成的總結。

對具體詞語的研究也往往有溢出課本語句,進行綜合性研討
者,如第 82 條謂:"古漢語裏的'其'字多有作'你'(或'你的',或
'你們',或'你們的'。)解者。"舉上古漢語《墨子・尚同上》《左傳・
昭公二十七年》《戰國策・趙策一》《淮南子・道應訓》《史記・晉世
家》《說苑・正諫篇》等多部典籍例句爲證。而在第 84 條中,爲了說
明古漢語中"其"作間接賓語,則臚列了 14 條例句,如下:

　　(1)《墨子・非命篇》:"上帝不常,(常同'尚',助也。)九
　　有以亡;上帝不順,祝降其喪。"——即大降之喪。《史記・楚
　　世家》:"命曰祝融。"《集解》引虞翻曰:"祝,大也。"《墨子・非

樂篇上》：“上帝弗常，九有以亡；上帝不順，降之百殃。”（殃，
古“㾝”字。）可證“降其”就是“降之”。

（2）《詩・雲漢篇》：“瞻卬（同“仰”）昊天，曷惠其
寧！”——曷，盍也。就是“盍賜之安”，也就是：“怎麽不給我
們安寧！”

（3）《韓非子・主道》：“君以其言授其事。”——“授其
事”即授之事，《韓非子・二柄篇》：“君以其言授之事。”可以
爲證。（“其言”之“其”作“他的”解，不訓“之”。）

（4）《説苑・説叢篇》：“邦君將昌，天遺其道；大夫將昌，
天遺之士。”（其，之也。）

（5）《漢書・董仲舒傳》：“予之齒者去其角，傅其翼者兩
其足。”——傅借爲“付”。付其翼，就是“與之翼”。（“傅”與
“附”通用，故亦借“傅”爲“付”。“角”就是“嘴”。其角、其足
之“其”不訓“之”，作“他的”解。）

（6）《漢書・張釋之傳》：“假令愚民取長陵一抔土，陛下且
何以加其法乎？”——且，將也。就是：“陛下將何以加之法乎？”

（7）《漢書・京房傳》：“王共其資用。”——就是梁王供
之（指焦延壽而言）資用。

（8）《史記・秦本紀》：“君試遺其女樂以奪其志。”——
奪，亂也。（《論語》：“惡紫之奪朱也。”《孟子》作：“惡紫恐其
亂朱也。”就是給之女樂以惑亂他的志意。）

（9）《史記・平津侯傳》：“諸嘗與弘有郤者，雖詳與善，
陰報其禍。”——郤同“隙”。詳同“佯”。

（10）《史記・孟嘗君傳》：“貸錢者多不能與其息。”——
其，之也，等于他。

（11）《史記・孟嘗君傳》：“民頗不與其息……而民尚多
不以時與其息。”——此二“其”字訓“之”，皆等於“我”。

(12)《世説·言語篇》:"支公好鶴,住剡東仰山,有人遺其雙鶴。"

(13)《世説·德行篇》注:"所誣胡厚德攸,遺其驢馬。"——放火的那個胡人很感激鄧攸,送給他驢馬。

(14)《世説·文學篇》注:"思蚤喪母,雍憐之,不甚教其書學。"——思,是左思。雍,是左雍。左雍是左思的父親。

例句的選擇從上古到中古,具有歷時研討的意味。此外,第 91 條中對介賓結構作補語省略介詞"以"字的揭示、第 141 條對代詞賓語前置現象的揭示與總結,都是在對具體句子詞語意義和用法探討的過程中,進行了普遍意義的總結。

這些總結和揭示,對於漢語語法研究、漢語詞彙研究以及相關研究是具有普遍意義的。

## 四、本書整理説明

本書整理採用裴學海發表在《天津師範學院科學論文集刊(人文科學版)》1957 年第 1 期的發表件,文本由唐山師範學院文學院 2016 級本科班的同學録入部分,張蕾女史録入部分,我個人録入部分,在此基礎上對照發表件,進行了核對引文、改正訛字、規範文字和標點符號的工作,凡所修改,直接校改,不再出校。爲了便於讀者瞭解裴學海著述大略,本書最後附《裴學海著述簡表》,以便檢尋。希望裴學海著述的整理,對研討其學術、發揚其精神、構建中國特色哲學社會科學體系有所助益。

由於整理者水平有限,錯誤在所難免,希望讀者不吝賜教。

火盆陳邨人

2022 年 11 月 11 日識

# 引　言

　　高中《文學》課本第一冊所選錄的作品都是古典文學。書中的注釋，據我所見，是絕大部分簡明正確；但是也有一些不合語法不合邏輯的地方。爲實事求是起見，不容不加以商榷。

　　本著之目的，在供中學語文教師的參考，以解決教學上的一些困難；但因作者學識有限，所提的意見，難免錯誤百出。如讀者本"知無不言"之精神，予以批判，既可令我解惑，又能使問題得到解決。這是我最期望的，也是我要預先志謝的。

1956 年 12 月裴學海書

# 目　録

整理説明 ……………………………………………………… 1

引　言 ………………………………………………………… 1


第一課　詩經 ………………………………………………… 1

關雎 …………………………………………………………… 1

    1. 關關雎鳩 ……………………………………………… 1

    2. 君子好逑 ……………………………………………… 1

    3. 寤寐思服 ……………………………………………… 2

氓 ……………………………………………………………… 3

    4. 氓之蚩蚩 ……………………………………………… 3

    5. 載笑載言 ……………………………………………… 4

    6. 爾卜爾筮 ……………………………………………… 5

    7. 以爾車來, 以我賄遷 ………………………………… 5

    8. 桑之落矣, 其黄而隕 ………………………………… 5

    9. 士也罔極 ……………………………………………… 6

    10. 三歲爲婦, 靡室勞矣；夙興夜寐, 靡有朝矣 ……… 6

    11. 言既遂矣, 至於暴矣 ………………………………… 7

    12. 咥其笑矣 ……………………………………………… 7

    13. 靜言思之 ……………………………………………… 7

    14. 及爾偕老, 老使我怨 ………………………………… 8

15. 淇則有岸,隰則有泮。總角之宴,言笑晏晏,
　　信誓旦旦,不思其反。 …………………… 8

16. 反是不思,亦已焉哉! …………………… 9

黍離 ………………………………………… 10

17. 彼黍離離,彼稷之苗。 ………………… 10

18. 悠悠蒼天,此何人哉 …………………… 11

伐檀 ………………………………………… 12

19. 坎坎伐檀兮 ……………………………… 12

20. 胡取禾三百廛兮? 胡取禾三百億兮? 胡取禾
　　三百囷兮? ……………………………… 13

21. 彼君子兮,不素餐兮 …………………… 13

蒹葭 ………………………………………… 14

22. 宛在水中央 ……………………………… 14

無衣 ………………………………………… 14

23. 王于興師, ……………………………… 14

24. 與子同仇。 ……………………………… 14


第二課　論語 …………………………………… 16
顏淵季路侍等九章 ……………………………… 16

25. 願車馬,衣輕裘 ………………………… 16

26. 願無伐善,無施勞。 …………………… 16

27. 老者安之,朋友信之,少者懷之。 …… 17

28. 必也臨事而懼,好謀而成者也。 ……… 18

29. 在陋巷 …………………………………… 19

30. 子畏於匡 ………………………………… 19

31. 道不行,乘桴浮於海 …………………… 20

32. 無所取材 ………………………………… 20

第三課　左傳 ……………………………………… 22

　晉公子重耳出亡 ………………………………… 22

　　33. 保君父之命而享其生禄 ………………… 22

　　34. 吾其奔也 …………………………………… 22

　　35. 及齊,齊桓公妻之,有馬二十乘。公子安之。 … 23

　　36. 臣聞天之所啓 ……………………………… 24

　　37. 殆將啓之 …………………………………… 24

　　38. 離外之患 …………………………………… 24

　　39. 其波及晉國者 ……………………………… 25

　　40. 忠而能力 …………………………………… 25

　　41. 晉侯無親 …………………………………… 25

　　42. 吾聞姬姓,唐叔之後其後衰者也。 ……… 26

　　43. 請由此亡。 ………………………………… 26

　　44. 蒲人狄人,余何有焉? …………………… 27

　　45. 今君即位,其無蒲狄乎? ………………… 28

第四課　孟子 ……………………………………… 29

　莊暴見孟子 ……………………………………… 29

　　46. 暴見于王 …………………………………… 29

　　47. 王語暴以好樂 ……………………………… 29

　　48. 臣請爲王言樂 ……………………………… 30

　　49. 吾王庶幾無疾病與? 何以能鼓樂也? ……… 31

　孟子謂戴不勝曰 ………………………………… 31

　　50. 子欲子之王之善與? ……………………… 31

　　51. 欲其子之齊語也 …………………………… 32

　　52. 雖日撻而求其齊也,不可得矣。 ………… 32

　　53. 一薛居州,獨如宋王何! ………………… 33

第五課　屈原……………………………………………… 34

國殤……………………………………………………… 34

54. 操吳戈兮被犀甲 ……………………………………… 34

55. 援玉枹兮擊鳴鼓 ……………………………………… 34

56. 天時墜兮威靈怒 ……………………………………… 34

57. 嚴殺盡棄原兮野。 …………………………………… 35

58. 平原忽兮路超遠。 …………………………………… 36

59. 身首離兮心不懲。 …………………………………… 36

60. 誠既勇兮又以武，…………………………………… 37

61. 身既死兮神以靈，…………………………………… 37

涉江……………………………………………………… 37

62. 吾方高馳而不顧。 …………………………………… 37

63. 登崑崙兮食玉英 ……………………………………… 38

64. 哀南夷之莫吾知兮 …………………………………… 38

65. 步余馬兮山皋，邸余車兮方林。 …………………… 39

66. 齊吳榜以擊汰。 ……………………………………… 39

67. 苟余心之端直兮，雖僻遠其何傷。 ………………… 39

68. 固將愁苦而終窮。 …………………………………… 40

69. 與前世而皆然兮 ……………………………………… 41

70. 余將董道而不豫兮。 ………………………………… 41

71. 固將重昏而終身。 …………………………………… 41

72. 亂曰 …………………………………………………… 42

73. 日以遠兮。 …………………………………………… 42

74. 露申、辛夷，死林薄兮；腥臊并御，芳不得薄兮。

……………………………………………………… 43

75. 時不當兮。 …………………………………………… 44

第六課　戰國策 ································ 45

　　觸讋説趙太后 ····························· 45

　　　　76. 左師觸讋願見太后。 ················ 45

　　　　77. 太后盛氣而揖之。 ·················· 45

　　　　78. 老臣病足，曾不能疾走。 ············ 46

　　　　79. 而恐太后玉體之有所郤也。 ·········· 46

　　　　80. 不若長安君之甚。 ·················· 47

　　　　81. 持其踵而泣之。 ···················· 47

　　　　82. 故以爲其愛不若燕后。 ·············· 47

　　馮諼客孟嘗君 ························· 48

　　　　83. 孟嘗君客我。 ······················ 48

　　　　84. 孟嘗君使人給其食用，無使乏。 ······ 49

　　　　85. 衣冠而見之。 ······················ 51

　　　　86. 君家所寡有者以義耳！ ·············· 52

　　　　87. 竊以爲君市義。 ···················· 53

　　　　88. 不拊愛子其民，因而賈利之。 ········ 53

　　　　89. 孟嘗君謂顧馮諼 ···················· 54

　　　　90. 乃今日見之。 ······················ 54

　　　　91. 遣使者黄金千斤，車百乘，往聘孟嘗君。 ···· 54

　　　　92. 齊其聞之矣。 ······················ 55

　　　　93. 寡人不足爲也 ······················ 55

　　　　94. 三窟已就，君姑高枕爲樂矣。 ········ 56

第七課　司馬遷 ································ 57

　　信陵君列傳 ····························· 57

　　　　95. 客輒以報臣。 ······················ 57

　　　　96. 終不以監門困故而受公子財。 ········ 57

97. 今日嬴之爲公子亦足矣。⋯⋯⋯⋯⋯ 58

98. 而公子親枉車騎,自迎嬴於衆人廣坐之中,
不宜有所過,今公子故過之。⋯⋯⋯ 58

99. 而諸侯敢救者。⋯⋯⋯⋯⋯⋯⋯⋯⋯ 59

100. 且公子縱輕勝、棄之降秦,獨不憐公子姊邪?
⋯⋯⋯⋯⋯⋯⋯⋯⋯ 59

101. 我豈有所失哉?⋯⋯⋯⋯⋯⋯⋯⋯ 60

102. 無他端。⋯⋯⋯⋯⋯⋯⋯⋯⋯⋯⋯ 61

103. 尚安事客。⋯⋯⋯⋯⋯⋯⋯⋯⋯⋯ 61

104. 如姬資之三年。⋯⋯⋯⋯⋯⋯⋯⋯ 62

105. 如姬爲公子泣。⋯⋯⋯⋯⋯⋯⋯⋯ 63

106. 公子即合符⋯⋯⋯⋯⋯⋯⋯⋯⋯⋯ 63

107. 請數公子行日,以至晉鄙軍之日,北鄉自剄
以送公子。⋯⋯⋯⋯⋯⋯⋯⋯⋯⋯ 63

108. 物有不可忘,或有不可不忘。⋯⋯⋯ 63

109. 竊爲公子不取也。⋯⋯⋯⋯⋯⋯⋯⋯ 64

110. 以無忌從之游,尚恐其不我欲也。⋯⋯ 64

111. 其不足從游!⋯⋯⋯⋯⋯⋯⋯⋯⋯ 65

112. 乃裝爲去。⋯⋯⋯⋯⋯⋯⋯⋯⋯⋯ 66

113. 公子傾平原君客。⋯⋯⋯⋯⋯⋯⋯⋯ 66

114. 公子恐其怒之⋯⋯⋯⋯⋯⋯⋯⋯⋯ 66

115. 公子當何面目立天下乎?⋯⋯⋯⋯⋯ 67

116. 公子亦欲因此時定南面而王⋯⋯⋯⋯ 68

117. 天下諸公子亦有喜士者矣,然信陵君之接巖
穴隱者,不恥下交,有以也。⋯⋯⋯⋯ 68

荆軻傳⋯⋯⋯⋯⋯⋯⋯⋯⋯⋯⋯⋯⋯⋯ 69

118. 試往,是宜去,不敢留。⋯⋯⋯⋯⋯ 69

119. 使使往之主人。……………………… 70

120. 吾曩者目攝之。…………………………… 71

121. 會燕太子丹質秦亡歸燕。……………… 71

122. 民衆而士屬。……………………………… 71

123. 意有所出 ………………………………… 71

124. 然則何由？ ……………………………… 72

125. 心惛然，恐不能須臾。………………… 72

126. 且非獨於此也。…………………………… 72

127. 是固丹命卒之時也。…………………… 73

128. 連接一人之後交。……………………… 73

129. 且以雕鷙之秦，行怨暴之怒，豈足道哉！ … 73

130. 雖然，光不敢以圖國事。……………… 74

131. 得使至前，敢有所言。………………… 75

132. 丹之私計，愚以爲誠得天下之勇士使於秦。 … 75

133. 窺以重利 ………………………………… 76

134. 則不可，因而刺殺之。………………… 77

135. 父母宗族皆爲戮没。…………………… 77

136. 將軍豈有意乎？ ………………………… 77

137. 乃復請曰："日已盡矣！荆卿豈有意哉？" …… 78

138. 此臣之日夜切齒腐心也。……………… 78

139. 既已不可奈何？ ………………………… 79

140. 乃裝爲遣荆卿。………………………… 79

141. 何太子之遣！往而不返者，豎子也。 … 79

142. 且提一匕首入不測之强秦！ ………… 82

143. 終已不顧。……………………………… 82

144. 唯大王命之。…………………………… 82

145. 劍堅，故不可立拔。…………………… 83

**第八課　漢樂府** …………………………………………… 84

　陌上桑 ………………………………………………………… 84

　　146. 頭上倭墮髻。 ………………………………… 84

　　147. 脫帽著帩頭 ………………………………… 84

　　148. 來歸相怨怒。 ………………………………… 85

　　149. 使君謝羅敷：寧可共載不？ ………………… 85

　　150. 爲人潔白皙 ……………………………………… 85

　羽林郎 ………………………………………………………… 86

　　151. 貽我青銅鏡，結我紅羅裾，不惜紅羅裂，何論
　　　　輕賤軀！ ……………………………………… 86

　　152. 男兒愛後婦，女子重前夫；人生有新故，貴賤
　　　　不相踰 …………………………………………… 87

　孔雀東南飛 …………………………………………………… 87

　　153. 妾不堪驅使，徒留無所施 ………………… 87

　　154. 及時相遣歸，會不相從許，還必相迎取，誓天不
　　　　相負，登即相許和，躡履相逢迎。誓不相隔卿。
　　　　……………………………………………………… 88

　　155. 堂上啓阿母 ………………………………… 88

　　156. 兒已薄祿相，幸復得此婦。 ………………… 89

　　157. 女行無偏斜，何意致不厚？ ………………… 89

　　158. 何乃太區區？ ………………………………… 90

　　159. 伏惟啓阿母 ………………………………… 90

　　160. 小子無所畏，何敢助婦語！ ………………… 90

　　161. 我自不驅卿，逼迫有阿母。 ………………… 91

　　162. 卿但暫還家，吾今且報府。 ………………… 91

　　163. 以此下心意 ………………………………… 91

　　164. 謂言無罪過，供養卒大恩 ………………… 92

165. 著我綉袷裙，事事四五通。 …………… 92

166. 腰若流紈素，耳著明月璫 …………… 93

167. 今日還家去，念母勞家裏 …………… 93

168. 隱隱何甸甸 ……………………………… 93

169. 君既若見録 ……………………………… 94

170. 恐不任我意，逆以煎我懷。 …………… 95

171. 舉手長勞勞 ……………………………… 96

172. 十七遣汝嫁，謂言無誓違。 …………… 96

173. 恐此事非奇 ……………………………… 96

174. 始適還家門 ……………………………… 97

175. 幸可廣問訊，不得便相許。媒人去數日，尋遣
　　　丞請還，説有蘭家女，承籍有宦官 …………… 97

176. 不嫁義郎體，其往欲何云？ …………… 98

177. 處分適兄意 ……………………………… 98

178. 雖與府吏要，渠會永無緣 …………… 99

179. 諾諾復爾爾 ……………………………… 99

180. 交廣市鮭珍 ……………………………… 100

181. 鬱鬱登郡門 ……………………………… 100

182. 手巾掩口啼 ……………………………… 100

183. 以我應他人，君還何所望 …………… 101

184. 可以卒千年 ……………………………… 101

185. 蒲葦一時紉，便作旦夕間 …………… 101

186. 兒今日冥冥，令母在後單。 …………… 101

187. 故作不良計，勿復怨鬼神！ …………… 102

188. 命如南山石，四體康且直！ …………… 102

189. 零淚應聲落 ……………………………… 103

190. 慎勿爲婦死，貴賤情何薄！ …………… 103

191. 窈窕艷城郭 ……………………………………… 104

192. 作計乃爾立 ……………………………………… 104


**附《廉頗藺相如傳》析疑數則** ……………………… 105

193. 原文:君何以知燕王? ……以此知之 ………… 105

194. 原文:願結友 ………………………………… 106

195. 原文:均之二策 ……………………………… 106

196. 原文:何者? 嚴大國之威以修敬也。 ……… 107

197. 原文:相如度秦王特以詐佯為予趙城,實不
　　　可得。 …………………………………… 107

198. 原文:請奉盆缻秦王以相娛樂 …………… 107

199. 原文:而君畏匿之,恐懼殊甚 …………… 108

200. 原文:公之視廉將軍孰與秦王? ………… 109


**附錄:裴學海著述簡表** ……………………………… 111

# 第一課　詩經

## 關　雎

### 1. 關關雎鳩

注釋③：雎鳩，鳩类的鳥，相傳这种鳥雌雄經常相守不離。

学海按："注釋"謂雎鳩鳥是雌雄經常相守不離，没有證據。雎鳩是鷙（鷙，猛也。）鳥，雌雄不匹處。（刘向《列女傳·仁智篇》："雎鳩之鳥，猶未嘗乘居而匹處也。"《廣雅》："乘，二也。"）以聲相求，（《後漢書·馮衍傳》注引薛夫子《韓詩章句》曰："詩人言雎鳩貞絜，以聲相求，必於河之洲，蔽隱無人之處。"絜，同潔。）説詳馬瑞辰《毛詩傳箋通釋》。

### 2. 君子好逑

注釋④：美好的姑娘，君子愛慕她，希望同她成匹偶。好，愛好。逑，成配偶。這兩句，也有人解釋爲：美好的姑娘，是君子的好配偶。

學海按："好"作"愛好"解，則"好逑"二字文不成義。（逑是配偶，不可作"成配偶"解。）好讀上聲，"好逑"作"好配偶"解，固然可通，然猶不如解"好逑"爲"配偶"爲得詩人語意。"好逑"與"好仇"同。《詩·兔罝篇》："公侯干城。（干，盾也。）……公侯好仇……

公侯腹心。"干城、腹心，都是名詞，可證"好仇"也是名詞。"公侯好仇"就是説武夫是公侯的匹儔。(匹儔與配偶同義。就君臣言，叫做匹儔；就夫妻言，叫做配偶。)《大戴禮·保傅篇》："及太子少長知妃色。"《新書·保傅篇》作"知好色"。妃，音配。妃色、好色都是配偶的色。(《孟子·萬章篇》："知好色則慕少艾。"好色也作"妃色"解。)"好"古讀若"休"，(《説文》："嫨，从蓐，好省聲。"或體作"茠"，从休聲。就是好、休古同音的證據。《淮南子·精神訓》"得茠越下"，借"茠越"为"休憩"。休、好二字皆訓美，休即"好"的借字。)"休"也作配匹解，如《書·洛誥篇》："其作周匹休。"为什么"休"有"匹偶"的意義呢？ 就因爲休與逑音近的原故。(《説文》："脙讀若休。"可以为證。逑、脙皆从求聲，"求"也作匹偶解，如《詩·下武篇》"世德作求"。)聞一多先生謂"君子好逑"和"公侯好仇"之"好"皆作"配匹"解(見《詩經新义》)，是正確的；而謂"好""妃"古同字，就錯誤了。"妃"字是從"戊己"之"己"，不是從"辰巳"之"巳"。"辰巳"之"巳"，與"子"通用。(《文選·辨命論》注引《韓詩·茉苢篇》韓君章句曰："詩人傷其君子有惡疾，人道不通，求巳不得。"求巳，即"求子"之借字。子、巳通用，猶子、祀通用。《周禮·閭隸》："掌子則取隸焉。"杜子春曰："子當爲祀。")祀從巳聲，即"辰巳"之"巳"，與"而已矣"之"已"古同字。祀、已通用。如《易·損卦》："已事遄往。"《釋文》：已，通作祀。)"戊己"之"己"，則不與"子"通用。怎可説"妃""好"古同字呢！ 就字音言，"好"与"妃"非双聲，也非疊韻，斷無本爲一字之理。所以我認爲"妃色"也作"好色"，是因为同義，並不是因爲同字。(好，从女、从子；妃，从女，从己。都是会意字。)

### 3. 寤寐思服

注釋⑦：思——助詞。服——思念。

學海按："思"作助詞解，是不够妥當的。"思服"是同義複合詞。服，思也，念也。"思服"即"思念"，猶"服念五六日"(《書·康誥》)之"服念"，即"思念"。《韓詩外傳》五："關雎之事大矣哉！馮馮翊翊，自東自西，自南自北，無思不服。子('子'作你解，這是孔子稱子夏。)其勉強之，思服之，天地之間，生民之屬，王道之原，不外此矣。"勉強只一義，思服也只一義，故曰"勉強之，思服之"。觀《韓詩》以"思服"解"無思不服"，是謂"無思不服"就是"無思不思"。(就是"没有思念事情不思念關雎之事"。)"無思不服"一語，見于《詩經》。《韓詩》的這種解釋，比《經傳釋詞》解"思"爲語助，高明得多了。"服"訓思，是"忘"之借字。(《説文》："忘，思也。")服，古讀若"備"。(《戰國策·趙策》："騎射之服。"《史記·趙世家》作"騎射之備"。《左傳·定公四年》："備物典策。""備物"就是《周語》"服物昭庸"的"服物"。)備與袝通用，(《禮記·曾子問篇》："殤不袝祭。"鄭注："袝當爲備，聲之誤也。")故可假"服"爲"忘"。(附、忘皆從付聲)又"臣服"與"臣附"爲一語，(《書·康王之誥》："綏爾先公之臣服于先王。"《孟子·滕文公篇》："惟臣附于大邑周。")也是可假"服"爲"忘"的一證。(附，從付聲。)

<h1 style="text-align:center">氓</h1>

### 4. 氓之蚩蚩

注釋⑤：那個人看樣子很老實忠厚。氓，民。蚩蚩，忠厚的樣子。

學海按："氓之蚩蚩"就是"蚩蚩之氓"，與"漸漸之石"(見《詩·漸漸之石篇》。漸漸同"巉巉"，高峻的樣子。)的句法相同。"漸漸之石"(之—的)的"漸漸"是定語，"氓之蚩蚩"的"蚩蚩"也是定語,不過因爲協韻而把"蚩蚩"移到"氓"字的下面。("氓"是中心詞,普通句式定語在中心詞前面,如"漸漸之石","石"是中心詞,"漸漸"是定語。特殊句式則把定語移到中心詞下面,如此文"氓之蚩蚩"。)注釋的解説,是以"蚩蚩"爲"氓"的謂語,以特殊句式爲普通句式,就錯誤了。《詩·六月篇》:"侯誰在矣?張仲孝友。"也是這種句式。"孝友"是"張仲"的定語,"張仲"是中心詞。改爲普通句式,就是"孝友張仲",與"顯允方叔"(《詩·采芑篇》)句法同。"氓之蚩蚩"的句法,在屈原賦裏甚多,如"載雲旗之委蛇",(見《離騷》,就是"載委蛇之雲旗"。)"報大德之優遊""冠切雲之崔嵬",(皆見《九章》。即"報優遊之大德""冠崔嵬之切雲"。切雲,冠名。)都是因爲協韻的關係。也有不屬於協韻的,如"駕八龍之婉婉兮""陟升皇之赫戲兮",(都見《離騷》。即"駕婉婉之八龍兮""陟升赫戲之皇兮"。)"帶長鋏之陸離兮""哀州土之平樂兮"。(皆見《九章》。即"帶陸離之長鋏兮""哀平樂之州土兮"。)

### 5. 載笑載言

注釋①:載……載……,一面……一面……。

學海按:如注釋所解,"笑"和"言"是同時的動作。這種解法,是不正確的。載笑載言,就是"於是乎笑,於是乎説",是不同時的。載笑載言,猶云"爰笑爰語"。(《詩·斯干篇》)"爰"也當作"於是乎"解。《毛詩》中在一句裏用兩個"載"字,雖然都作"於是乎"解。但譯成現代漢語,則有的當譯作兩個"於是乎",如《詩·沔水篇》"載起載行""載飛載止",就是於是乎起來,於是乎行走,於是乎飛騰,於是乎棲止;(此二句與"載笑載言"相同。)有的當譯作一個"於是乎",如《載馳篇》"載馳載驅",就是於是乎馳驅。(《沔水篇》"載飛載揚",就是"於是乎飛揚"。)"載馳載驅"與"爰居爰處"(《詩·斯干篇》)句法同。兩個"爰"字也當譯作一個"於是乎"，即"於是乎居處"。爲什麼同是在一句中有兩個"載"字而句法不同呢？就因爲前者在兩個"載"字下是兩種動作；後者在兩個"載"字下是一種動作，只是把一個同義複合詞分開了。

### 6. 爾卜爾筮

注釋②：你占卦的結果。

學海按：注釋以兩個"爾"字爲主語，是錯誤的。兩個"爾"字，是"卜"和"筮"的賓語，是賓語前現的句法。鄭箋云："爾，女（音汝）也。復關既見，此婦人告之曰：'我卜女筮女，宜爲室家矣。'"可以爲證。爾卜爾筮，與"予取予求"（《左傳·僖公七年》："予取予求，不女疵瑕也。"）"我叱我呵"（韓愈《送窮文》）句法同。（予取予求，即取我求我；我叱我呵，即叱我呵我。）

### 7. 以爾車來，以我賄遷

注釋③：你用車子來迎我，我帶了我的財物來嫁你。

學海按：注釋謂下句的主語是"我"，是錯誤的。這兩句的主語都是"爾"字，但承上省略了。上"以"字作"用"解，下"以"字作"把"解（是介詞），就是"你用你的車子來，把我的財物搬走"。

### 8. 桑之落矣，其黃而隕

注釋⑧：桑樹到落葉的時候了，葉子黃了，落了。其，有"該"的意味。隕，落。

學海按："落"作"墜"解，就和"隕"字的意義重複。"落"與"夫子盍行邪，勿落吾事"（《莊子·天地篇》）之"落"同義。落，敗也。（王念孫謂"落"同"露"。《方言》："露，敗也。""夫子盍行邪？無落吾事"，即"夫子盍行乎？勿敗吾事！"説見《廣雅》"露，敗也"條疏證。）"桑之落矣，其黃而隕"，就是桑樹衰敗啦，桑葉黃了，並且墜落了。("其黃而隕"之"其"字,指代桑葉,注釋訓"其"爲"該",不妥。)上章"桑之未落","落"字也是衰敗的意思。

### 9. 士也罔極

注釋①:男子的感情沒有定準。……罔,無。極,標準的意思。

学海按:"罔極"就是"沒有中正"。(毛傳:"極,中也。")《三百篇》裏謂"無良"曰"罔極",如《民勞篇》首章說"以謹無良",三章說"以謹罔極",就是例證。此外如《青蠅篇》"讒人罔極,交亂四國",《蓼莪篇》"欲報之德,昊天罔極"。(之,此也。言欲報父母的這些恩德,則老天無良啊。詩人把父母的死亡,歸罪于天,故曰"昊天罔極"。)也都是無良的意思。注釋以"沒有標準"解"罔極",未得詩人語意。("罔極"作"沒有窮盡"解,見於《史記·太史公自序》,"澤流罔極",乃是後起的意義。)

### 10. 三歲爲婦,靡室勞矣;夙興夜寐,靡有朝矣

注釋:②三年以來,做你的妻子。家裏的勞苦事,沒有一件不做。靡,無。③起早睡晚,沒有一天不是這樣。夙興,早起。夜寐,晚睡。朝,指一朝。

学海按:注釋添"不是這樣"四字作解,是不妥當的。朝,召也。(見《楚辭·遠逝》"射四靈於九濱"王注。按王氏此注,是以本字釋借字之例。"朝"與"召"雙聲。可借"朝"爲"召",故訓"朝"爲"召"。朝、召通用,猶《左氏·昭公十五年》經之"朝吳",《公羊》作"昭吳"也。昭從召聲,昭、召古同聲。)此四句都省略了主語,把主語添出來,就是"我三年做你的妻子,你沒有家庭之勞啊;我早起晚睡,你沒有召喚啊"。(我自動的早起晚睡,用不著你召喚我。)此四句是棄婦自述其勤苦之辭。

### 11. 言既遂矣,至於暴矣

注釋④:你的心願滿足了,你就逐漸對我凶狠起來了。言,助詞。遂,成,滿足。

學海按:"言"字當訓"然",不當作"語助"解。遂,久也。(見鄭箋)"暴"即"被虐待"。(鄭箋云:"乃至見酷暴。""見酷暴"就是被虐待)此四句,譯作"然而已經日子久長啦,至於被虐待了"。言、然古通用,(《詩·大東篇》"睠言顧之",《後漢書·劉陶傳》引作"睠然顧之"。)故"言"可訓"然"。《戰國策·魏策》:"楚雖有富大之名,其實空虛;其卒雖衆多,言而轉走易北,不敢堅戰。"《史記·張儀傳》"言而"作"然而",就是例證。古漢語裏,對於表被動的動詞上,或用"見"(見,即被。)字,或不用"見"字,如"厲公弒"(《國語·晉語六》)與"盆成括見殺"(《孟子·盡心篇》),就是例證。此文之"暴"字上,沒有見字,也是不用"見"字之例。(鄭箋解"暴"字爲"見酷暴",添上"見"字,是應當的,絕不可視爲"增字解經"。)

### 12. 咥其笑矣

注釋⑤:都嘲笑我。咥,笑的樣子。

學海按:其,然也。(毛傳:"咥咥然笑。""然"字即釋"其"字。)《三百篇》裏,如"溫其如玉"(見《小戎》),"爛其盈門"(見《韓奕》),"其"都作"然"解。

### 13. 静言思之

注釋⑥:言,而。

學海按:此"言",當訓"然",不當訓"而"。"静言思之"與"睠言顧之"(《詩·大東》)句法同。("言"字上的"静"或"睠"都是副詞。)"睠言"即"睠然",(《後漢書·劉陶傳》引《詩》作"睠然顧之"。)可爲例證。"言"字有當訓"而"者,如《詩·彤弓篇》"受言藏之……受言載之",(《左傳·僖公二十三年》"受而載之"。)此二句之"言"字上,都是動洞("藏""受"),與"靜言思之"的句法不相同。

## 14. 及爾偕老,老使我怨

注釋⑦:原想同你白頭到老,現在這個白頭到老的想法徒然使我痛苦罷了。及,同。偕老,夫婦相愛,直到老年。

學海按:"怨"字不是"痛苦"的意思,下"老"字也不應該作"現在這個白頭到老的想法"解。下"老"字訓"久",(《國語·晉語》:"且楚師老矣。"韋注:"老,久也。")與上文"言既遂矣"之"遂"字同義。"及爾偕老,老使我怨"的"及"字上面省略"欲"字(詳本著第 31 條),就是"打算同你白頭到老,日子久了却使我怨恨"。

## 15. 淇則有岸,隰則有泮。總角之宴,言笑晏晏,信誓旦旦,不思其反。

注釋:⑧淇水還有個岸,低濕的窪地還有個邊。意思是説,什麽東西都有一定的限制,可是那個男子的心却是全無約束,不可捉摸。則,助詞。⑨少小時候歡樂相處,兩個人有説有笑,古代少年男女把頭髮扎成了髻,叫"總角"。後來就用"總角"作爲"少年時期"的代稱。⑩兩人的誓言是清清楚楚的,誰没想到誰會變心。旦旦,明白清楚。反,反復。

學海按:"泮"下當用分號,不當用句號。自"淇則有岸"至"不思其反"是説"人違背了信誓,不如淇水有岸,窪地有邊"。注釋説"淇水還有個岸",以"還"字代"則"字是正確的;(則,尚也。"尚"即口語之"還"。《墨子·明鬼篇》:"且周書獨鬼,而商書不鬼,則未足以爲法也。"《禮記·檀弓篇》:"爲人臣者,殺其身,有益於君則爲之,況於其身以善其君乎?""則"皆當訓"尚"。"於其身"之

"於"字訓大。)又説"則,助詞",就錯誤了。"總角"指新婚的時候而言,所謂"結髮爲夫妻","結髮"就是"總角"。(毛傳:"總角,結髮也。")注釋謂總角爲少年時期的代稱,是不够明確的。"不思其反"之"其"字作"而"解,("其"訓"而",説詳《古書虛字集釋》。)"反"下省略賓語"是"字,(下文"反是不思","反"下就有"是"字。)就是"不思而反是",(是,此也。)也就是"你不思念而違背了誓言"。注釋解"不思其反"爲"誰也没想到誰會變心",是不够正確的。這一個複合句當作"淇水還有岸,窪地還有邊;新婚時候的安樂,説説笑笑是柔和的,誓言是明明白白的,你却不思念而違背了誓言"。

### 16. 反是不思,亦已焉哉!

注釋⑪:既然那個男子行爲反復,不念舊情,也只好算了吧。

學海按:"反是不思"和"不思其反"的意義相同,只是在句法上有分別。所謂"有分別",就是"不思其反"是作結束的謂語;"反是不思"是起下文的主語。"反是不思,亦已焉哉",就是"你不思念而違背了誓言,也就拉倒啦"。在《三百篇》裏,上句的謂語和下句的主語意義相同的,有三種説法,一種是:文字完全相同,如《裳裳者華篇》"我覯之子,維其有章矣。維其有章矣,是以有慶矣"。一種是:下句的主語和上句的謂語一半相同,一半不相同,其不相同的和相同的意義相類,如《假樂篇》"受福無疆,四方之綱。之綱之紀,燕及朋友"。一種是:下句的主語和上句的謂語變換了句式。如《文王篇》"凡周之士,不顯亦世。世之不顯,厥猶翼翼……商之孫子,其麗不億;上帝既命,侯於周服。侯服於周,天命靡常"。此文"總角之宴。言笑晏晏,信誓旦旦,不思其反。反是不思,亦已焉哉",和第三種相同。

# 黍　離

**17. 彼黍離離，彼稷之苗。**

注釋②：看那一行行的黍子苗和稷子苗啊。⋯⋯稷，同黍相似的一種穀物。

學海按："稷"是高粱，説詳程瑤田《九穀考》。注釋説"稷，同黍相似的一種穀物"，是誤以稷爲穄。（《説文》："穄，穈也。""穈"與"黍"相似。）"彼黍離離，彼稷之苗"是複合句。"彼黍離離"是上一分句，"彼黍"是主語，"離離"是謂語。"彼稷之苗"是下一分句，"彼稷"是主語，"之苗"作"有苗"解，是謂語。（之訓"有"，是動詞，"苗"是"之"的賓語。）注釋解"彼稷之苗"爲"稷子苗"，是以"之"字爲結構助詞。結構助詞，可有也可無，所以只説"稷子苗"，而沒有説"稷子的苗"。這種解決，乍看是很通順，其實是錯誤的，因爲"稷子苗"只是一個詞組。（若把"彼稷之苗"譯作"那個稷子的苗"，還是一個詞組。）一個詞組，只可做主語用，或作賓語用，決不可作一個分句。甲骨文："今三月出史。""出"是"之"字的古體，"之史"就是"有事"。（説見管燮初《殷墟甲骨刻辭的語法研究》第50頁。）學海按：《周禮・條狼氏》："誓邦之大史曰殺，誓小史曰墨。"《新序・雜事篇》："有司請史於齊桓公。""史"皆"事"之借字。"之""有"二字疊韻，（皆在古韻"咍"部）。《禮記・中庸篇》："親親之殺，尊賢之等。"《墨子・非儒篇》作"親親有術，尊賢有等"。（殺、術，古通用。）是"之""有"通用。既通用，故"之"可訓"有"。《詩・庭燎篇》首章云："夜如何其？夜未央。庭燎之光。"二章云："夜如何其？夜未央，庭燎晣晣。"三章云："夜如何其？夜鄉（同向）晨。庭燎有輝。""之光"就是"有光"。或言"之光"，或言"有輝"，是互文。"庭燎晣晣"與"彼黍離離"句法同；"庭燎之光"與

"彼稷之苗"句法亦同。所異者,只是"彼黍離離,彼稷之苗"是一個複合句,"庭燎之光""庭燎有煇"是兩個單句罷了。《詩‧蜉蝣篇》首章云:"蜉蝣之羽;衣裳楚楚。"三章云:"蜉蝣掘閱;麻衣如雪。""蜉蝣之羽"即蜉蝣有羽,是一個分句;"蜉蝣掘閱"也是一個分句。(掘讀爲"蹶"。《爾雅》:"蹶,嘉也。""閱"讀爲"羽毛悦澤"之"悦"。悦,美也。掘與"蹶"通,猶"韓厥"亦作"韓屈"。)《書‧牧誓篇》:"古人有言曰:'牝雞無晨。牝雞之晨,惟家之索。'"(惟家之索,即惟家是盡。此與《禮記‧哀公問篇》"固民是盡"的句法和意義皆相同。)"之晨"就是"有晨",與"無晨"是對文。《國語‧晉語二》:"雖後之會,將在東矣。"就是"雖然以後有會"。《管子‧心術上》:"登降揖讓,貴賤有等,親疏之體謂之禮。""親疏之體",就是親疏有分别。(《周禮‧天官‧冢宰》:"體國經野。"鄭注:"體猶分也。")《論衡‧調時篇》"歲月之神,日亦有神",就是"歲月有神"。《戰國策‧韓策三》:"人之所以善扁鵲者,爲有臃腫也。使善扁鵲而無臃腫也,則人莫之爲之也。""莫之爲之"就是"莫有爲之"。(《韓非子‧八奸篇》:"所謂亡君者,非莫有國也。"以"莫""有"連文。)

### 18. 悠悠蒼天,此何人哉

注釋⑤:天哪!這是什麼人把國家破壞成這個樣子的啊!悠悠,形容天的高遠。

學海按:注釋對於"此何人哉"四字的解釋是不夠正確的。"悠悠蒼天,此何人哉"是怨恨老天的話。此,其也。"人"同"仁"。《釋名》:"仁,忍也。"就是"高遠的青天,它多麼殘忍啊"。此在表面上是"怨天",而在骨子裏是"尤人"。所謂"主文譎諫,言之無罪,聞之者足以戒",就指詩人這種表現的手法而言。《四月篇》:"先祖匪人,胡寧忍予?""匪人"作"不忍"解,"胡""寧"都訓"何",

就是先祖不殘忍,怎麼對於我却殘忍呢?(若以"人"作本字解,則"先祖匪人"就是"先祖不是人"。豈不是自己罵自己的先祖嗎?詩人的意思,決不如此。)《詩·鴇羽篇》:"悠悠蒼天,曷其有所!"(所,道也。蒼天何有道,就是蒼天無道。)也是在表面上是怨天,而在骨子裏是"尤人",與此文之"悠悠蒼天,此何人哉"相同。《史記·趙世家》:"肥義謂信期曰:'公子與田不禮甚可憂也。其於義也,聲善而實惡;此爲人也,不子不臣。'""此爲人"就是"其爲人"。("此"與"其"是互文)。《墨子·親士篇》:"是故不勝其任而處其位,非此位之人也。""此位"就是"其位"。("此"與"其"是互文。)

# 伐　檀

**19. 坎坎伐檀兮**

注釋⑨:檀,一種樹,木材可以造車。

學海按:"檀"在此處不當作樹名解。"檀"爲"團"之借字。(《莊子·天下篇》之"桓團",《列子》作"韓檀"。)"團"是載柩車之輪。此詩第二章言"伐輻",第三章言"伐輪",都與言"伐團"相同。詩人謂伐木材做輪叫作"伐輪",砍木材做輻叫作"伐輻",砍木材做團叫作"伐團",砍樹枝做柯叫作"伐柯",(《南山篇》:"伐柯如之何?匪斧不克。""柯"是斧子柄。)砍木材作琴瑟叫做"伐琴瑟"。(《定之方中篇》:"樹之榛栗,椅桐梓漆,爰伐琴瑟。")今冀東方言還沿用這種説法,如甲問乙説,"你拿著斧子做啥去?"(冀東方言謂"什麼"曰啥。)乙答對説,"砍根椽子去"。就是例證。《儀禮·士喪禮篇》鄭注云:"載柩車,《周禮》謂之蜃車。《雜記》謂之團。"今本《禮記·雜記篇》作"載以輲車",鄭注云:"輲,讀爲'輇',或作'槫'。許氏《説文解字》曰:'有輻曰輪,無輻曰輇。'""團"與"槫"

同音,所以或寫作"團",或寫作"槫"。輲、輇同字,(見《玉篇》。)古音也與"團"同。

## 20. 胡取禾三百廛兮？ 胡取禾三百億兮？ 胡取禾三百囷兮？

注釋①:胡,爲何。廛,同"纏",束。三百廛,三百束。形容佔取之多,不一定恰好是三百束。下文的三百億、三百囷,意思相同,用法也相同。

學海按:注釋謂"廛"同"纏",是正確的,但對於"三百億""三百囷"之"億""囷"二字尚未有明確的解釋。《廣雅·釋詁三》:"稛、繶、纏,束也。""三百囷"之囷即"稛"之借字,"三百億"之億即"繶"之借字。(繶、億同音)"稛"也寫作"麋"。《左傳·哀公二年》:"羅無勇麋之。"杜注:"麋,束縛也。"《釋文》:"麋,丘隕反。"按"稛""麋",今皆寫作"捆"字,今人謂一束柴草曰一捆柴草。(捆,也寫作"綑"。)

## 21. 彼君子兮,不素餐兮

注釋③:這些大人先生啊,可不是白白吃閑飯! 這是一句諷刺話。

學海按:作"這些"解的是"此"字,不是"彼"字。"彼"當作"那些"解,此句當釋作:"那些好的官吏呀,(此文之"君子"是"君子官"。"君子官",猶言"君子儒"。)不白吃飯哪!"説好的官吏不白吃飯,則壞的官吏白吃飯,可以不言而喻。按字面,是褒君子不素餐,而用意是貶小人(壞的官吏)素餐。這樣表達情意的方法,在《左傳》裏也有一段。如《文公十五年》:"三月,宋華耦來盟……公與之宴,辭曰:'君之先臣督,得罪於宋殤公,名在諸侯之策。臣承其祀,其敢辱君? 請承命於亞旅。'魯人以爲敏。"華耦没有緣故而暴露其先祖的罪惡,是談話不敏巧。爲明智者所嗤笑的。可是作者不説"智者以爲不敏",而説"魯(愚魯)人以爲敏"。這也是以褒爲貶的寫法。

# 兼　葭

### 22.　宛在水中央

注釋⑨:(那個人)宛然在河的中間。

學海按:《説文》:"央,中也。"是"中央"爲同義複合詞。但在此處就不該這樣解釋,因爲第一章説"宛在水中央",第二章説"宛在水中坻",第三章説"宛在水中沚"。水中坻、水中沚,是水中之坻,(坻是水裏的小塊高地。)水中之沚,(沚是水中的小塊陸地。)則"水中央"不該作"水的中間"解。《莊子·德充符篇》:"中央者,中地也。"此文之"水中央",就是水中之地。

# 無　衣

### 23.　王于興師,

注釋:于,助詞。興師,出兵。

學海按:于,之也,結構助詞。"黄鳥于飛"(《詩·葛覃》)和"黄鵠之飛"(《商君書·畫策篇》)句法同,可證"于"的用法和"之"字一樣。

### 24.　與子同仇。

注釋④:你我的仇敵是共同的。

學海按:注釋對於"同仇"二字的解釋,是後人"斷章取義"的用法，（如云“同仇敵愾”。）而不是詩人的語意。仇，同“逑”，聚也。
（《詩·關雎篇》：“君子好逑。”《釋文》：“逑，本亦作‘仇’。《漢書·
匡衡傳》亦作‘君子好仇’。”）第一章說“與子同聚”，第二章說“與
子偕作”，（偕，同也。作，起也。）第三章說“與子偕行”，意義由淺
而深，非常明顯。（《詩·采葛篇》首章云“如三月兮”，二章云“如
三秋兮”，三章云“如三歲兮”，也是意義由淺而深。“三秋”是九個
月。解者謂三秋爲三年，是錯誤的。）《説文·辵部》：“逑，斂聚
也。從是，求聲。”《虞書》曰：“旁逑孱功。”《書·堯典篇》作“方鳩
僝功”。僞孔傳曰：“鳩，聚也。” 據此可知，“鳩”訓聚，是“逑”之借
字。鳩、仇皆從九聲，借“鳩”爲逑，故亦借“仇”爲逑。

# 第二課　論語

## 顏淵季路侍等九章

### 25. 願車馬，衣輕裘

注釋⑥：願意把自己所乘的車馬，所穿的輕裘……

學海按：有謂此文之"輕"字是衍文的，本作"願車馬，衣裘"。（見劉寶楠《論語正義》）這種說法不可信。"願車馬、衣輕裘"之"衣"字，當作名詞解，"衣、輕裘"，就是衣服和輕裘。注釋解"衣"爲"穿"，不合語法。有人說，"乘肥馬，衣輕裘"（見《雍也篇》）之"衣"字作"穿"解，則此文當亦然。殊不知彼文是對偶句，（乘字和衣字相對，都是動詞；肥馬和輕裘相對，都是合成詞。）此文在"願"字下是三個名詞（車、馬、衣）和一個合成詞（輕裘）並列，其結構不相同。又怎可同樣地解釋呢！

### 26. 願無伐善，無施勞。

注釋⑦：願意不誇耀自己的好處，不把勞苦的工作推給別人。伐，誇。施，加給（別人）。

學海按：注釋之說，雖然是本於孔注的"不以勞事置施於人"，但也未得顏淵的語意。劉寶楠本朱熹之說，謂"施勞"即誇功，引《淮南子·詮言篇》"功蓋天下不施其美"，以證明"施"字有"誇大"

之義，(説詳《論語正義》)是正確的。劉向《列女傳·仁智篇·晉范氏母傳》云："少子伐其謀，歸以告母。母喟然歎曰：'終滅范氏者，必是子也。夫伐功施勞，鮮能布仁；乘僞行詐，莫能久長。'""施勞"二字是暗用《論語》之文，可知劉氏是理解"無施勞"爲"不誇功"。由此看來，解"施勞"爲"誇功"是本於漢儒之説，較《論語》僞孔注("孔注"不是漢儒孔安國的注釋，是後人所僞託。)高明得多了。爲什麼"施"可作"誇大"解呢？因爲"施"與"移""侈""多"三字古通用，移、侈、多三字皆訓"大"，所以"施"也訓"大"。"大"作"誇大"解，(如《禮記·表記篇》："君子不自大其事，不自尚其功。")"多"也作"誇大"解。(如《呂氏春秋·知度篇》："其愚又將反以自多。"高注："多，大也。")移、侈二字，雖没有"誇大"的意義，然而也皆訓"大"，如《國語·吳語》："侈吳王之心。"韋注："侈猶大也。"《禮記·表記篇》："衣服以移之。"《釋文》："移，大也。"《禮記·大傳篇》："絶族無移服。"《釋文》："移，本作施。"《周禮·考工記·輿人》："飾車欲侈。"鄭注："故書'侈'作'移'。"《史記·魏世家》："魏獻子生魏侈。"《公羊傳·哀公十三年》作"魏多"。這就是"施""移""侈""多"四字同用的證據。施、移、侈、多既同用，故皆訓"邪"。如《法言·吾子篇》："中正則雅，多哇則鄭。""多哇"皆爲邪，(《廣雅》："哇，邪也。")"多"即"放辟邪侈"之"侈"，而"邪侈"亦作"邪移"，(《孟子·梁惠王篇》："放辟邪侈。"丁公著本作"邪移"。)又作"邪施"。(《孟子·離婁篇》："施從良人之所之。"趙注："施者，邪施而行。"《淮南子·要略篇》："接徑直施。"高注："施，邪也。")就是例證。

### 27. 老者安之，朋友信之，少者懷之。

注釋①：老年人，使他們安樂；朋友，使他們彼此信任；少年人，使他們得到關懷。

　　學海按:此文是在"安"字、"信"字、"懷"字上,都省略了主語"吾"字。(《國語·吳語》:"富者吾安之,貧者吾與之。"就皆有主語"吾"字。)注釋對於前兩句的解說是正確的,只是沒有把主語"吾"字説出來。對於後一句的解說不够正確,因爲增添了"得到"二字。"少者懷之",就是"少年人我安撫他們"。(《禮記·中庸篇》:"懷諸侯也。"孔疏:"懷,安撫也。")總之"安"和"信"都是使動用法,可解"安之"爲"使他們安樂","信之"爲"使他們信任"。"懷"字不是使動用法,不可解"懷之"爲"使他們安撫",而只可解爲"安撫他們"。

## 28. 必也臨事而懼,好謀而成者也。

　　注釋⑥:一定要挑選遇事小心謹慎,長於謀略,能够保證成功的人。懼,警惕,謹慎。

　　學海按:注釋解"好謀而成"爲"長於謀略,能够保證成功",未得孔子的語意。"成"同"誠",審也。"臨事而懼"就是"遇事而加警惕","好謀而成"就是"好(讀去聲)策畫而能詳審"。"好謀"之"好"是動詞,不是形容詞,怎可把"好謀"解爲"長於謀略"!只一個"成"字,哪裏有"保證成功"的意義!這不是有"增字解經"之嫌嗎?《詩·我行其野篇》:"成不以富,亦祇以異。"《論語·顔淵篇》作"誠不以富……"就是成、誠通用的證據。《禮記·經解篇》:"故衡誠懸,不可欺以輕重;繩墨誠陳,不可欺以曲直;規矩誠設,不可欺以方圓;君子審禮,不可誣以奸詐。"鄭注:"誠猶審也。或作'成'。"若從或本作"衡成懸……繩墨成陳……規矩成設",則"成"字也當訓"審"。(《易·乾卦·文言》:"修辭立其誠。""誠"也當作"審"解。)

### 29. 在陋巷

注釋⑧：住在小巷子裏。

學海按：王念孫謂此文之"陋巷"是隘狹之居，（陋巷即陋宅）證據確鑿，（説詳《經義述聞・通説上》"巷"字條。）可謂定論。注釋解陋巷爲小巷子，是沿舊注之誤。

### 30. 子畏於匡

注釋③：孔子在匡地遇難。……畏，遇難的意思。

學海按："畏"字不可作"遇難"解，因爲古無此訓。就使可作"遇難"解，也有説不通的地方。"子畏於匡"或説成"仲尼畏匡"，（見《史記・遊俠傳》）或説成"匡人畏孔子"。（見《鹽鐵論・備胡》）"仲尼畏匡"作"仲尼遇難於匡"解，是説得通的；而"匡人畏孔子"作"匡人遇難孔子"解，就不成話了。《廣雅》："畏，威也。""子畏於匡"就是"子威於匡"，也就是"孔子爲匡人所威脅"。"子畏於匡"與"勞力者治於人"（《孟子・滕文公上》）句法同。"勞力者治於人"當解作"勞力者爲人所治"，所以知道"子畏於匡"也當解作"孔子爲匡人所威脅"。（説成"仲尼畏匡"者，雖然省略"於"字，也當作"仲尼爲匡人所威脅"解。至於説成"匡人畏孔子"者，則作"匡人威脅孔子"解）《漢書・五行志》："饗用五福，畏用六極。"畏，威也。就是"用六極威脅之"。《書・洪範篇》作"饗用五福，威用六極"，可以爲證。（《左傳・莊公二十八年》"若使太子主曲沃，而重耳、夷吾主蒲與屈，則可以威民而懼戎，且矜君伐"，就是可以威脅人民而恐嚇戎狄。）"威脅"與"恐嚇"意義略同，（《廣雅》："脅，懼也。"）故"畏"字也有恐嚇的意思。（恐嚇也只説"恐"，如《漢書・東方朔傳》："召問朔，何恐朱儒爲？"）如《淮南子・精神篇》："知未生之樂，則不可畏以死。"《漢書・景十三王傳》："後昭信病，夢見昭平等，以壯告去。（劉去）去曰："虜乃復見，畏我。……前殺昭平,反來畏我。"都是例證。

### 31. 道不行,乘桴浮於海

注釋⑥:我的主張没人採用,我就坐著木筏到海上遠遊。

學海按:注釋解"乘桴"句,在"坐著木筏"上添"我就"二字,未得古人屬辭之通例。這是在"乘桴"上面省略一個"欲"字。("欲"即口語的"打算"。)《論語·八佾篇》:"季氏旅於泰山。"是在"季氏"下省略"欲"字,(有不省略"欲"字者,如"子欲居九夷"。)與此文同例。此外如《書·盤庚上》:"盤庚遷於殷。"是在"盤庚"下省略"欲"字。《左傳·宣公四年》:"公怒,欲殺子公。子公與子家謀先。子家曰:'畜老猶憚殺之,而況君乎!'反譖子家,子家懼而從之。"是在"反譖"上省略"欲"字。《漢書·外戚傳》:"乃召趙王誅之。"是在"趙王"下省略"欲"字。(《讀書雜誌·漢書第十五》曰:"念孫案:'誅之'上有'欲'字,而今本脱之,則文義不明。此時趙王尚未至,不得遽言誅之也。《太平御覽·皇親部二》引此正作'欲誅之'。《漢紀》同。"學海按:王氏昧於省略之例,故謂脱"欲"字。其實是《御覽》和《漢紀》據文意增"欲"字,而並非《漢書》脱"欲"字。)

### 32. 無所取材

注釋⑦:可惜不能虛心判斷事理。……材同"裁",判斷。

學海按:注釋謂"材同裁"是正確的。但是把"取"字的意義忽略了。"取"借爲"諏"。(諏從取聲。取、諏古同音,故借"取"爲"諏"。)諏,謀也。"無所諏裁",就是"無所謀度"。古書裏多有二字相連皆爲借字者,如借"犯違"爲"範圍",(《易·繫辭傳上》:"範圍天地之化而不過。"張璠本作"犯違"。)借"巨獲"爲"矩矱",(《管子·宙合篇》:"成功之術,必有巨獲。"《讀書雜誌》謂"區獲"爲"矩雙"之借字。)借"釘銓"爲"訂詮",(《論衡·自紀篇》:"通人觀覽,不能釘銓。"孫詒讓《札迻》謂"釘銓"爲"訂詮"之借字。)借"政適"爲"征敵",(《史記·范雎傳》:"政適伐國。"徐廣曰:"政適,音征敵。"按《戰國策》作"征敵伐國"。)借"子諒"爲"慈良"。(《禮記·樂記篇》:"致樂以治心,則易直子諒之心生矣。"朱熹讀"子諒"爲"慈良"。按《喪服四制篇》"繼世即位而慈良於喪",正以"慈""良"連文。)借"佳可"爲"維何",(《石鼓文》"其魚佳可"就是《詩經》裏的"其魚維何"。)都可爲證。此文借"取材"爲"諏裁",也是那樣的例子。

# 第三課　左傳

## 晉公子重耳出亡

### 33. 保君父之命而享其生禄

注釋⑥：憑著君父的命令，享受封地的供養。保，這裏作“憑”講。君父，指晉獻公。生禄，賴以生活的俸禄。

學海按：注釋以“封地”二字解“其”字，不妥。“其”字是指示形容詞，作“那”解。“享其生禄”就是“享受那個生禄”。《列子·楊朱篇》：“君見牧羊者乎？”《尸子》：“閔子騫肥。子貢曰：‘何肥也？’子騫曰：‘吾出見其美車馬則欲之……’”《詩·湛露篇》：“其桐其椅。”《列子·湯問篇》：“及其日中如探湯。”（其上文云，“及日中則如盤盂”，無“其”字。爲什麼一有“其”字，一無“其”字呢？就因爲“其”是指示形容詞，可有亦可無。）《易·同人》九三：“升其高陵。”此六“其”字都是指示形容詞，作“那”解。後文“其聞之者”，“其”也作“那”解。注釋解作“那個聽到這消息的人”，是正確的。

### 34. 吾其奔也

注釋④：我還是逃走吧。

學海按：注釋以“還是”二字解“其”字不妥。其，可也。“吾其奔也”，就是“我可以逃走啊”。《書·堯典篇》：“我其試哉！”《金縢

篇》："我其爲王穆卜。"（穆，敬也）《左傳·僖公三十年》："吾其還
也！"此三"其"字都和"吾其奔也"之"其"字同義。《戰國策·楚
策》："莫敖大心撫共御之手顧而太息曰：'嗟乎子乎！楚國亡之日
至矣。吾將深入吳軍，若撲一人，若捽一人，以與大心者也。社稷
其爲庶幾乎！"《淮南子·修務篇》作"我社稷可以庶幾乎"，是"其
爲"與"可以"同義。（《經傳釋詞》："爲，以也。"）後文"女其行乎"，
注釋解爲"你還是走吧"，也不妥當。"女其行乎"就是"你可以走
開啊"。此句和《史記·商鞅傳》"汝可疾去矣"之意義略同。
《書·皋陶謨篇》："帝其念哉！"《洛誥篇》："汝其敬識百辟享！"
（辟，君也。）《左傳·隱公三年》："吾子其無廢先君之功！"此三
"其"字都和"女其行乎"之"其"字同義。

### 35. 及齊，齊桓公妻之，有馬二十乘。公子安之。

注釋⑤：有二十輛馬車。乘，駕著四匹馬的車。二十乘，共有
八十四馬。

學海按：注釋以"有"爲"有無"之"有"是不够妥當的。"有"借
爲"賄"。賄，贈也。"齊桓公妻之，賄馬二十乘"是一句話。"賄馬
二十乘"的主語是"齊桓公"。其意義與後文"贈之以馬二十乘"相
同，不過省略"之以"二字而已。因爲桓公把女兒嫁給公子，又贈
送公子八十匹馬，所以"公子安之"。若以"有馬二十乘"之"有"字
作"有無"之"有"解，則其主語是"公子"，而"公子安之"，也只是因
爲有了八十匹馬，那不是不合邏輯嗎？"賄"從"有"聲，故借"有"
爲"賄"。（有、賄二字古皆讀若"醢"，"醢"與"醯"同字，"醢"得聲
於有）。《左傳·文公十二年》："厚賄之。"杜注："賄，贈送也。"
（《穆天子傳》："賄用周室之璧。"注云："賄，贈送。"）"賄"與"贈"同
義，所以也說"贈賄"。（《左傳·僖公三十三年》："自郊勞至於贈
賄。"）在一部書或一篇文章裏常有既用本字又用借字之例，如《孔

雀東南飛》:"晻晻日欲暝……奄奄黃昏後。""奄奄"即"晻晻"的借字。(晻從奄聲。借"奄"爲"晻",與借"有"爲"賄"同例。這種假借,在古漢語裏很多,如借"舍"爲"捨",借"與"爲"歟",借"且"爲"祖",借"取"爲"娶",借"隹可"爲"維何",都是例證。)《呂氏春秋·務大篇》:"故細之安,必待大,大之安必待小。"《論大篇》:"故小之定也必恃大,大之安也必恃小。""待"即"恃"之借字。都是例證。

### 36. 臣聞天之所啓

注釋⑦:天所啓發的人。

### 37. 殆將啓之

注釋⑮:天或者有意替重耳開闢一條路,使他有機會回去做國君。

學海按:注釋解"所啓"之"啓"爲"啓發",解"啓之"爲"開闢",是不夠妥當的。"啓"是"開導"。"開導"有"佐助"的意思,如"教誨開導成王"。(《荀子·儒效篇》)"啓"字亦然。如"佑啓"(《孟子·滕文公下》:"佑啓我後人。")和"啓右"(《禮記·祭統篇》:"啓右獻公。"右同"佑"。)都是同義複合詞,作"佐助"解。《左傳·隱公元年》:"夫人將啓之。"就是"夫人將助之"。此文"天之所啓"就是"天佐助的人"。(所,指代詞,在此處指代人。)"殆將啓之"就是"大概著天欲佐助他",(《廣雅》:"將,欲也。")與下文"天將興之"的意義略同。("啓之"與"興之"的"之"字皆指代晉公子)

### 38. 離外之患

注釋⑬:遭到被迫逃出國外的禍事。離,遭。

學海按:注釋增字太多,未得作者語意。離,去也。(見《廣

雅》和《淮南子·俶真篇》"皆欲離其童蒙之心"高注。)之,以也,因
也。"離外之患"就是"去外以患",也就是"因爲禍患到逃到國
外"。《淮南子·繆稱篇》:"吴鐸以聲自毁,膏燭以明自鑠,虎豹之
交來射,猨狄之捷來措。"(高注:"措,刺也。")"之"都作"以"解,就
是"虎豹以文招射,猿猴以捷招刺。"

### 39. 其波及晉國者

注釋⑤:那些傳流到晉國的。

學海按:波同"播",散也。"波及"就是"散到"。説詳《經義述
聞·左傳》。

### 40. 忠而能力

注釋⑯:力—效力。

學海按:《詩·烝民篇》:"威儀是力。"鄭箋:"力,猶勤也。"
(《廣雅》:"仂,勤也。"仂同"力"。《一切經音義》七引字書:"仂,勤
也。今皆爲'力'字。")"能力"就是能勤。

### 41. 晉侯無親

注釋⑰:晉侯是個背信棄義的人,衆叛親離。

學海按:注釋添字太多,是不够妥當的。"親"同"信"。《左
傳·僖公十五年》:"晉侯許賂中大夫,既而皆背之;賂秦伯以河外
列城五,東盡虢略,南及華山,内及解梁城,既而不與。"就是"晉侯
(晉惠公)無信"的事實。《韓非子·奸劫弑臣篇》:"凡奸臣皆欲順
人主之心,以取親幸之勢者也。……此人臣所以取信幸之道也。"
"親幸"即"信幸",信是本字,親是借字。

### 42. 吾聞姬姓，唐叔之後其後衰者也。

注釋⑱：我聽說姓姬的一族，其中唐叔一支衰落得最晚。

學海按："唐叔之後其後衰者也"九字當連讀，"其"字不是指代詞。（"其"字不是指代"唐叔之後"四字。）其，爲也，是也。就是"唐叔的後代是衰落得最晚的呀"。《左傳・桓公十年》："匹夫無罪，懷璧其罪"。《三國志・文昭甄皇后傳》作"匹夫無罪，懷寶爲罪"。《漢書・劉歆傳》："且此數家之事，皆先帝所親論，今上所考視，其古文舊書，皆有徵驗。"《文選》作"……爲古文舊書"。這都是"其"和"爲"同義的例證。此外，《左傳・僖公二十八年》："君子謂文公其能刑矣。"《楚辭・九章・惜往日》："謂蕙若其不可佩。"《離騷》："謂幽蘭其不可佩。……謂申椒其不芳。""其"都與"爲"同義。《楚辭・七諫》："訟謂閭娵爲醜惡。"（《史記・呂后紀》："未敢訟言誅之。"集解引韋昭曰："訟，猶公也。"）可爲例證。

### 43. 請由此亡。

注釋⑤：請讓我從此走開呢。

學海按：注釋解"請"爲"請讓我"，是不夠妥當的。請，其也。"請"與"其"都與"可"同義。（"其"作"可"解，說詳本著第34條。）"請由此亡"，就是"可以從此走開"。《國語・越語上》："勾踐對曰：'……吾請達王甬句東。'"（王是吳王夫差）《吳語》："寡人其達王于甬句東。"（寡人是勾踐自稱。）此兩句意義相同，可證"請"與"其"的用法是一樣。上文"晉楚治兵，遇于中原，其辟君三舍"，《史記・晉世家》作："重耳曰：'既不得已，與君王以兵事會平原廣澤，請辟王三舍。'"這也是"請"與"其"用法相同的例證。（"其""請"皆訓可。下文"其左執鞭弭"之"其"字也當訓"可"。）此外如上文："請待子。"《墨子・公論篇》："楚王曰：'善哉！吾請無攻宋。'"（無，不也。）《史記・廉頗藺相如傳》："相如曰：'五步之內，相如請以頸血濺大王矣。'"(此例若解爲"請讓我得以頸血濺大王",就不合邏輯)《公羊傳·莊公十三年》:"莊公將會乎桓。曹子進曰:'君之意何如?'莊公曰:'寡人之生,則不若死矣。'曹子曰:'然則君請當其君,臣請當其臣。'莊公曰:'諾。'"《孟子·公孫丑篇下》:"請勿復敢見矣。"(此二例,三個"請"字都不是表示恭敬的意思。)"請"字都和"其"(可)同義。"請"與"其"又爲互文,如《史記·田完世家》:"田常言于齊平公曰:'德施,人之所欲,君其行之;刑罰,人之所惡,臣請行之。'"就是例證。("君其行之",即君可行之。這種句式,也是或用"其"字,或用"請"字,如《公羊傳·僖公二年》:"君請勿許也!"《左傳·僖公七年》:"君其勿許!"《孟子·梁惠王篇》:"王請度之!"《左傳·宣公十四年》:"君其圖之!"《孟子·梁惠王篇》:"王請勿疑!"《呂氏春秋·不廣篇》:"君其勿疑!"都是例證。)

### 44. 蒲人狄人,余何有焉?

注釋⑯:您逃蒲的時候是蒲人,逃狄的時候是狄人,但是不論是蒲人或是狄人,對我又有什麼關係呢?

學海按:注釋解"何有"二字,不夠妥當。有,愛也。"蒲人狄人,余何有焉",就是"您在蒲的時候是蒲人,在狄的時候是狄人,吾怎愛您呢!"俞樾云:"余何有焉,猶云余何愛焉。"(見《群經平議·左傳》)《經義述聞·通說》"有"字條云:"昭六年《傳》:'女喪而宗室,于人何有!人亦于女何有?'杜注曰:'言人亦不能愛汝也。'……《管子·戒篇》:'今夫易牙子之不能愛,將安能愛君!'《小稱篇》作:'于子之不愛,將何有于公!'"觀王氏之說,可知"有"訓"愛",確是古義。"有"所以訓愛,就因爲"有"與"友"同音而借"有"爲"友"的原故。(《左傳·僖公二十二年》:"何有于二毛? ……愛其二毛。""有"亦愛也,互文耳。)

## 45. 今君即位，其無蒲狄乎？

注釋⑰：難道不會再有象您那樣逃蒲逃狄的人了嗎？

學海按：注釋以"象您那樣逃蒲逃狄的人了嗎"十二字解釋"蒲狄乎"三字，可謂不得其解而強爲之辭。其，尚也，無借爲"憮"，憮，同也。（《漢書·薛宣傳》："君子之道，焉可憮也！"顏注引蘇林曰："憮，同也。"按"君子之道，焉可憮也"，是《論語·子張篇》之文，今《論語》作"焉可誣也"。"誣"是"憮"之借字。）"今君即位，其無蒲狄乎？"就是"今君即位，尚同蒲人狄人乎？"（不言"蒲人狄人"而只言"蒲狄"，是蒙上文而省略。）也就是："現在您就了君位，還和蒲人狄人相同嗎？"這兩句是寺人披說明請見晉文公的原因。意思是："您在從前是蒲人狄人，所以我不愛您；現在您做了君主，不是蒲人狄人了，我就愛您而請見。"《左傳》里的"其"字有當作"尚"字解者，如文公十七年："畏首畏尾，身其餘幾？"在《國語》里也有這樣的例子，如《晉語四》："今將婚媾以從秦，受好以愛之，聽從以德之，懼其未可也，又何疑焉？"（"其"訓"尚"，說詳拙著《古書虛字集釋》第 406 頁。）吾友楊柳橋先生謂"其無蒲狄乎"之"無"字當訓"非"。（《經傳釋詞》："無，非也。"）"其無蒲狄乎"即"則非蒲人狄人矣"。（其，則也。乎，矣也。）于義也通；但如楊說，則在"其無蒲狄乎"下面當用句號，不當用"問號"，似與作者的口氣不合。

# 第四課　孟子

## 莊暴見孟子

**46. 暴見于王**

注釋③：我被王召見了，……見于，被王召見。

學海按：注釋解"見于"爲"被王召見"，是錯誤的。"暴見于王"，就是"我看見了王。"（"于"字相當于"了"，是時態助詞。）《論語・顏淵篇》："鄉也吾見于夫子而問知。"（鄉，同"向"。）就是"前天我看見了他老人家而問智"。《論語》的"見于"，不可解爲"被夫子召見"，故知《孟子》之"見于"，也不可解爲"被王召見"。

**47. 王語暴以好樂**

注釋③：王把他愛好音樂的事告訴我。

學海按：此"樂"字當音"洛"，不當作"音樂"解。注釋解"好樂"爲"愛好音樂"，是沿趙注之誤。閻若璩《釋地又續》云："宋陳善《捫虱新語》云：'《莊暴》一章，皆言"悦樂"之樂，而世讀爲"禮樂"之樂，誤矣。惟"鼓樂"當爲禮樂，其他獨樂樂與衆樂樂，亦"悦樂"之樂也。不然，方言禮樂，又言田獵，無乃非類乎？'真通人之言也。蓋孟子告齊宣以'先王無流連之樂荒亡之行'，一旦語及其心病，故不覺變色，答以云云。若果爲禮樂，莊暴庸臣，縱不能對其所以,亦何至向孟子而猶咨詢何如乎? 正緣好歡樂與好貨、好色一例事耳。"按陳氏、閻氏之說都正確。《孟子》各章,常在首段有揭明主旨的話,在章末又以揭明主旨的話作結論。如《梁惠王上》第一章,揭明主旨的話是"王何必曰利! 亦有仁義而已矣",而章末又說:"王亦曰,仁義而已矣,何必曰利!"(當譯作:"王也說吧,仁義就完了,何必說利呢!")就是例證。此章揭明主旨的話,是"王之好樂甚,則齊其庶幾乎",章末說"今王與百姓同樂則王矣",雖與揭明主旨的話,在字面上不盡同,而意義是一樣。"王之好樂甚"就是"王若好樂大",(《經傳釋詞》:"之,若也。"趙注:"甚,大也。"好樂即《詩·蟋蟀篇》"好樂無荒"之"好樂"。)與"今王與百姓同樂"意義相同。(今,若也。必"與百姓同樂",才可以叫做"好樂甚"。)"則齊其庶幾乎",就是"齊國近于王啦",(庶幾,近也。)與"則王矣"的意義也相同。那麼"好樂"之"樂"字當音洛,不當作"音樂"解,不是很明顯嗎? 至於"古之樂"與"古而無死,則古之樂也"(見《左傳·昭公二十年》)的"古之樂"相同,則閻若璩已經說過了。"獨樂樂,與人樂樂,孰樂"可譯作:"自己歡樂的歡樂,比較同旁人歡樂的歡樂,哪一種歡樂?""古之樂"即"先王之樂","今之樂"即"世俗之樂"。(樂皆音洛)為什麼"今之樂猶古之樂",就因為"好樂甚"的緣故。

### 48.　臣請為王言樂

注釋⑤:請讓我給您講講關於音樂的事吧。臣,孟子自稱。

學海按:注釋解"請"字為"請讓我"是不妥當的。(樂當音洛,不當作"音樂"解,已詳上文。)請,敬也。"臣請為王言樂",就是"我恭敬地給王談談歡樂"。《大戴禮·五帝德篇》:"宰我問于孔子曰:'昔者予聞諸榮伊言,黃帝三百年。請問黃帝者,人邪,亦非人邪?'"請問,就是敬問。(《漢書·匈奴傳》:"天所立匈奴大單于敬問皇帝陛下無恙。”)《公羊傳·成公二年》：“齊侯使國佐如師。
郤克曰：‘與我紀侯之甗，反魯衛之侵地……’國佐曰：‘與我紀侯
之甗，請諾，反魯衛之侵地，請諾……’”“請諾”就是敬諾。(《戰國
策·趙策》：“太后曰：‘敬諾。’”)《墨子·公輸篇》：“請獻十金。”
“請獻”就是敬獻。請，爲什麼可訓“敬”？因爲“請”與“靖”通，靖，
敬也。(《管子·大匡篇》：“士處靖。”注曰：“靖，卑敬貌。”按靖就
是敬。“處靖”猶《論語》說“居處恭”。《詩·小明篇》：“靖共爾
位。”“靖共”就是敬恭。)故“請”字也可訓“敬”。請、靖、靚三字皆
從青聲，古皆通用，如《文選·思玄賦》“潛服膺以永靖兮”注云：
“靖與靚同。”《說文》：“靚，召也。”《史記》《漢書》並以“請”爲“靚”。
(如云“朝請”)就是例證。

### 49. 吾王庶幾無疾病與？何以能鼓樂也？

注釋①：我們的君王大概身體很健康吧，不然，怎麼能够奏
樂呢？

學海按：這是一個複合句，是把下一個分句提到前面的複合
句。“何以”上省略主語“吾王”二字。若把下一分句掾到前面，作
“何以能鼓樂也？吾王庶幾無疾病與”，文義就緊相連貫了。注釋
添“不然”二字作解，就因爲不知道原文把下一分句提到前面的
緣故。

# 孟子謂戴不勝曰

### 50. 子欲子之王之善與？

注釋④：您希望您的國王做個好君主嗎？

### 51. 欲其子之齊語也

注釋⑥：想使他的兒子説齊國話。

學海按："子之王"的"之"字作"的"解，是結構助詞。"之善"和"之齊語"的兩個"之"字訓"爲"是動詞。"之善"就是"作善事"。"之齊語"就是"爲齊語"，也就是"説齊國話"。《吕氏春秋·謹聽篇》："亡國之主反此，乃自賢而少人。少人則説者持容而不極，（注："極，至也。"）聽者自多而不得，雖有天下何益焉！是乃冥之昭，亂之定，毁之成，危之寧。"高注："以冥爲明，以亂爲定，以毁爲成，以危爲寧也。"（高注訓"乃"爲"以"，亦有證據。如《戰國策·秦策一》："乃復悉卒乃攻邯鄲，不能拔也。"《韓非子·初見秦篇》作："乃復悉卒以攻邯鄲，不能拔也。"是其例。）就是"之"訓"爲"的證據。此外如《詩·園有桃篇》："園有桃，其實之殽……園有棘，其實之食。"就是"其實爲殽"，"其實爲食"。《淮南子·兵略篇》："有逆天之道，帥民之賊者，身死族滅。"（上"之"字等於"的"。）就是"帥領著人民爲賊的人"。《本經篇》："天下寧定，百姓和集，是以稱湯武之賢。"就是稱湯武爲賢。《莊子·列禦寇篇》："知而不言，所以之天也；知而言之，所以之人也。古之人，天而不人。"（"言之"的"之"是指代詞。"古之人"作"古時的人"解。）就是"所以爲天"，"所以爲人"。《天下篇》："惠施日以其知，與人之辯。"就是"與人辯論"。《戰國策·燕策》："田光曰：'光聞長者之行，不使人疑之。'"《史記·刺客傳》作"光聞之，長者爲行"。（聞之、疑之、"之"都是指代詞。）"長者之行"就是長者爲行。

### 52. 雖日撻而求其齊也，不可得矣。

注釋①：求其齊，要求他説好齊國話。

學海按："求其齊"就是"求其爲齊語"。（要求他説齊國話。）"語"字承上文省略，是通例；在"其"下省略"爲"字，也有一些例子。"其"下省略的"爲"字,有與"是"字同義者:如《史記·吕后紀》:"孝惠見,問,乃知其戚夫人。"即"乃知其爲戚夫人"。(有不省略"爲"字者,如韓愈《獲麟解》"角者吾知其爲牛"。)《孔叢子·儒服篇》:"始吾謂二子丈夫爾;今乃知其婦人也。"即"今乃知其爲婦人"。(此種省略"爲"字之例,在楊樹達《詞詮》卷四"其"字條共引了七個例句。)有與"作"字同義者,如《國語·齊語》:"此非欲戮之也,欲用其政也。"("之"和"其",都指代管仲。)就是"欲用其爲政也"。此文"求其齊"之"其"字下面省略的"爲"字也是與"作"字同義的。此外如《陌上桑》:"十五府小吏,二十朝大夫,三十侍中郎。"三句裏省略的三個"爲"字,(在"十五""二十""三十"下面皆省略了"爲"字。)也都和"作"字同義。

### 53. 一薛居州,獨如宋王何!

注釋⑦:一個薛居州,還能對宋王起多大作用呢? 如……何,把……怎麽樣。獨,助詞,意思相當于表示疑問的"其"字。

學海按:"獨"相當于"桓魋其如予何"(《論語·述而》)的"其"字,與"可"同義,是表示反詰,並不是表示疑問,"獨如宋王何",即"可奈宋王何",意思是:"可把宋王怎麽樣?"(不能够把宋王改造好了。)"桓魋其如予何"就是"桓魋可把我怎麽樣",(桓魋不能够害我。)與"獨"字同樣用法的,還有"當""將"二字。《孟子·離婁篇》:"言人之不善,當如後患何?"就是"可把後患怎麽樣",(不能够防止後患發生。)《左傳·僖公十五年》:"君亡之不恤,而群臣是憂,惠之至也。將若君何!"就是"可把君怎麽樣?"(不能够辜負君)"其"字有"可"字的意義,(如《國語·楚語》:"德其忘怨。"《左傳·昭公元年》:"吾儕偷食,朝不及謀,何其長也!"《越絕書外傳·紀地傳》:"此越未戰而服,天以賜吳,其逆天乎?")所以"獨""當""將"三字也皆作"可"解。

# 第五課　屈原

## 國　殤

### 54. 操吳戈兮被犀甲

注釋③：手裏拿著吳戈……戈，古代的一種武器，當時以吳地出產的爲最鋒利。

學海按：王注：“或曰‘操吾科’。吾科，盾之名也。”“吳戈”是“吾科”之借字。郭沫若先生譯此句爲“盾牌手裏拿”，（見《屈原賦今譯》第 34 頁。）是正確的。

### 55. 援玉枹兮擊鳴鼓

注釋②：用力敲響戰鼓。

學海按：“鳴鼓”與“玉枹”是對文。（“擊”和“援”是對文。）“鳴鼓”是善鳴的鼓。“鳴”是定語，“鼓”是中心詞。用“鳴”字爲定語，猶“多齎金寶走馬”（見《漢書·武五子傳》顏注：“走馬，馬之善走者。”）之以“走”字爲定語。（鳴、走，都是動詞。）《招魂》：“搷鳴鼓些。”（搷，擊也。）“鳴鼓”也是善鳴的鼓。

### 56. 天時墜兮威靈怒

注釋③：天昏地暗，鬼神震怒，天時墜，天陰沈得要塌下來。

學海按：注釋的解説不妥當。"天時"和"天"，意義不相同，怎可把"天時墜"解作"天陰沈得要塌下來"！把"威靈"解作鬼神，雖本于王注，（王注："雖身死亡而威神怒健不畏憚也。"）然而也是誤解。"天時墜兮"就是"天時失兮"，（《廣雅》："墜，失也。"）也就是和《漢書·李尋傳》"天時不得也"同義。（"天時墜"之"天時"，就是《孟子》"天時不如地利"之天時。）"威靈"是人的神靈威武。（《史記·滑稽列傳補》："盡陛下神靈威武所變化也。"）如《漢書·揚雄傳》："今樂遠出以露威靈。"《叙傳》："柔遠能邇，憚燿威靈……迺施洪德震我威靈。"都可爲證。"天時墜兮威靈怒"，就是失了天時而戰士的威武神靈奮怒。"墜"訓失，可用之于具體的東西，如"雨露所墜"（《禮記·中庸》）；也可用之于抽象的事物，如"無墜天之降寶命"（見《書·洪範篇》。外如《書·召誥篇》："今時既墜厥命。"對于"命"可説"墜"，亦可説"失"，《禮記·大學篇》："《康誥》曰：'惟命不于常。'道善則得之，不善則失之。""失之"就是失命。）和"先大夫臧文仲教行父事君之禮，行父奉以周旋，弗敢失墜。"（《左傳·文公十八年》）都可爲證。此文"天時墜"即"天時失"也是那樣的例子。一説，"天時墜兮"就是"身司對兮"。（《呂氏春秋·本生篇》："以全其天也。"高注："天，身也。"《莊子·齊物論》："見卵而求時夜。""時夜"就是司夜。《説文》有"隊"字，無"墜"字，"失墜"之墜和"軍隊"之隊，古皆作"隊"。此文之"墜"是後人所改，古本《楚辭》當作"隊"字。）也就是援枹擊鼓者身司（司察）隊伍，威靈奮怒。《左傳·成公二年》云："師之耳目在吾旗鼓。"就是援枹擊鼓者身司隊伍的證據。

## 57. 嚴殺盡棄原兮野。

注釋④：戰鬭激烈，人死得很多，尸骨丟棄在原野。嚴，劇烈。

學海按：注釋的解説不正確。嚴，壯也。（王注。按"嚴"本作

“莊”。莊、壯古同音，故訓“莊”爲壯。今本作“嚴”，是避漢明帝諱而改。）盡，止也。（見《小爾雅》。）“棄原野”，指犧牲在戰場上而言。“嚴殺盡兮棄原野”，就是壯烈地殺敵停下了，犧牲在戰場上。既然是威靈怒而壯烈地殺敵，爲什麼還停下呢？不外乎“身受重傷”或“精疲力竭”而不能再戰下去的緣故。既然這樣，所以就犧牲在戰場上。自“操吳戈”至“棄原野”，是叙述作戰的事實。戰士的奮不顧身，英勇殺敵，以致最後犧牲了，全表現在自“霾兩輪”至“棄原野”四句裏。

## 58．平原忽兮路超遠。

注釋⑥：忽，這裏是渺茫無際的意思。

學海按：把“忽”字解爲渺茫無際，於古無徵。王注：“一云‘平原路兮忽超遠’。”於義爲長，當是古本。“忽”“超”“遠”三字同義，就是平原路途遙遠。《廣雅》：“迥，遠也。”迥，音忽。迥、忽同音通用。《九章·懷沙》：“道遠忽兮。”遠忽就是遙遠。（此本《廣雅疏證》説。）《屈原賦》里有三音節的同義複合詞，如“覽相觀”（《離騷》：“覽相觀於四極兮。”）和“妃匹合”，（《天問》：“閔妃匹合。”“閔”同“愍”。《廣雅》：“愍，愛也。”“妃匹合”就是匹偶。）都是例證。

## 59．身首離兮心不懲。

注釋⑦：懲，改悔。

學海按：把“懲”字解爲“改悔”，於古無徵。懲，止也。（見《詩·沔水篇》“寧莫之懲”毛傳。）“身首離兮心不懲”，就是“身首雖然分離而殺敵的心還没有停止”。一説，“懲，恐也。”（見《廣雅》）也講得通，但對於歌頌的意義不够深刻。

**60. 誠既勇兮又以武，**

學海按：以，且也。"又以"，等於"又且"。（《管子·地員篇》："既有麇麑，又且多鹿。"）猶"而以"等於"而且"。（《管子·小匡篇》："民富而以親。"）

**61. 身既死兮神以靈，**

學海按：以，爲也。（見《玉篇》。）"神以靈"，就是精神爲靈。此"靈"字是身雖死而精神尚存的名稱，與上文"威靈怒"之"靈"字不同義。"威靈"之靈，是指生人之精明而言，如《左傳·成公三年》"以君之靈"。謂爲靈曰"以靈"，猶謂爲辯曰"以辯"。（《莊子·徐無鬼篇》："惠子曰：'今夫儒、墨、楊、秉，方且與我以辯。'"）

# 涉　江

**62. 吾方高馳而不顧。**

注釋①：世上這樣混濁，沒有人瞭解我，我却高視闊步，置之不理。

學海按：注釋解"高馳"爲"高視闊步"不妥當，因爲"高視"不可只曰"高"的原故。"吾方高馳而不顧"即"我將要高舉遠引而不顧"。（方，將也。《史記·魯世家》："今允長矣，吾方營菟裘之地而老焉。"《左傳·隱公十一年》作"使營菟丘吾將老焉"。是"方"與"將"同義。《論衡·實知篇》："婦人之知，尚能推類以見方來。"方來，就是將來。）下文"駕青虬兮驂白螭，吾與重華遊兮瑤之圃"。（上"兮"字是語氣詞，下"兮"字作"于"解。）就是"高馳"的事實。

### 63. 登崑崙兮食玉英

注釋③：登上崑崙山，吃那花一般的美玉。

學海按："玉英"就是"玉華"，猶《詩·著篇》第三章云"尚之以瓊英乎而"。瓊英就是"瓊華"。（此鄭箋説。）《著篇》第一章言"瓊華"，第二章言"瓊瑩"，第三章言"瓊英"。瓊瑩是玉色。（《説文》："瑩，玉色也。"）瓊英、瓊華，皆是玉光。（英同瑛。《説文》："瑛，玉光也。"）玉光可食，故曰"食玉英"。注釋解"食玉英"爲"吃那花一般的美玉"，不够正確。

### 64. 哀南夷之莫吾知兮

注釋④：南夷，指楚國。

學海按：聞一多先生謂《九章·思美人》"觀南人之變態"之"南人"，即此文"哀南夷"之"南夷"。我同意南人和南夷是一語，但我不同意假人爲夷，而認爲是假夷爲人。"哀南夷"就是"哀南人"，也就是痛惜楚國的人。"南人"二字，見於《論語》。（"南人有言曰"）古人在一篇文裏爲避免字面重複，常是本字和借字互用，如《孔雀東南飛》"吾今且報府""吾今且赴府"就是例證。（"報"爲"赴"之借字）《九章》裏"南人"和"南夷"互見也是那樣的例子。爲什麼説"南夷"是"南人"的借字呢？就因爲稱楚國爲南夷是貶詞，屈原不當出此言的原故。金文中"人""夷"通用。《山海經》借"仁羿"（《山海經·海内西經》："非仁羿莫能上岡之巖。"孫詒讓《札迻》云："仁當作'尸'，其讀當爲夷。《説文·人部》：'仁，古文作尸，從尸。'邱光庭《兼明書》引《尚書》古文'嵎夷''島夷'，字皆作'尸'，今文皆作'夷'，是仁、夷兩字古文正同，故傳寫易誤。尸羿即襄四年《左傳》之'夷羿'。"）爲夷羿也可爲證。（人、仁同音通用。）

**65. 步余馬兮山皋,邸余車兮方林。**

注釋⑥：讓我的馬慢慢地走上山崗,讓我的車來到方林。邸,到。山皋,山崗。方林,地名。

學海按：此“步”字是使動用法,可解作“使余馬步(行)于山皋”。(兮,于也。)邸,止也。(王注：“邸,舍也。”舍作動詞解,與“止”同義,“邸”爲“底”之借字。《説文》：“底,止居也。”《國語·晉語》：“戾久將底。”韋注：“底,止也。”)也是使動用法,就是使我的車停在方林。山皋,即山界,(《廣雅·釋言》：“皋,局也。”局,即“界局”,是名詞。《文選·西京賦》：“實惟地之奥區神皋。”王念孫謂“神皋”即神明之界局。)猶言山地。注釋解山皋爲山崗,是不够正確的。


**66. 齊吴榜以擊汰。**

注釋⑦：船夫們一齊搖槳划船。

學海按：此“齊”字不當作“一齊”解。“齊”爲“齎”的借字。《廣雅》：“齎,持也。”《離騷》：“反信饞而齊怒。”(通行本作“齎怒”。王注：“齎,一作‘齊’。”此從作“齊”之本。)《釋文》：“齊,或作齎。”就是齊、齎通用的證據。齊、齎,古皆讀若資,故資亦訓持。(《廣雅》：“資,操也。”操,就是持。)《周禮·掌皮》：“歲終則會其財齎。”財齎就是財資。《易·旅卦》：“喪其資斧。”資斧亦作“齎斧”。(見《漢書·王莽傳》引)就是齊、齎、資三字古皆通用的證據。


**67. 苟余心之端直兮,雖僻遠其何傷。**

學海按：王逸本《楚辭》作：“苟余心其端直兮,雖僻遠之何傷！”(“傷”下當用歎號,不當用句號。課本在“傷”下用句號,不妥。)課本作“苟余心之端直兮”,是據王注“其,一作‘之’”之文而改。(古書中“其”作“之”解,如《書·康誥篇》：“朕其弟。”即朕之弟;《詩·魚麗篇》:"物其多矣。"即物之多矣。由此可知作"其端直"與作"之端直"都可以。)而作"雖僻遠其何傷"則不知其何據。"之何傷"即"而何傷",《文選》作"雖僻遠而何傷",就是用訓詁字把它代替了。"之"與"而"是疊韻字,(都在古韻"哈"部。)故"之"可訓"而"。如《老子》"玄之又玄"就是"玄而又玄"。(《莊子·達生篇》:"精而又精。"與此句法同。)《淮南子·氾論篇》:"使鬼神能玄化,則不待戶牖之行。"就是"不待戶牖而行"。《韓詩外傳》五:"用萬乘之國,(此"之"字作"的"解。)則舉措而定,一朝之白。"就是一朝而伯。(《荀子·儒效篇》作"一朝而伯"。)《九章·哀郢》:"忽翱翔之焉薄?""之"亦當作"而"解。王注:"之,一作'而'。"作"而"之本,就是用訓詁字把它代替了。課本作"雖僻遠其何傷","其"也與"而"同義。(《九章》:"山蕭條而無獸兮,野寂寞其無人。"其亦而也,互文耳。)

## 68. 固將愁苦而終窮。

注釋⑥:終窮,終生不得志。

學海按:注釋對於"終窮"二字的解釋,是不夠妥當的。"窮"是"躬"之借字。終躬就是終身。《鹽鐵論·能言篇》:"言之不出,恥窮之不逮。"《論語》作"古者言之不出,恥躬之不逮也",就是借"窮"爲"躬"的例證。《儀禮·聘禮記》:"執圭入門,鞠躬焉如恐失之。"《釋文》:"躬,一作'窮'。"是躬、窮二字古通用。既通用,故借"窮"爲"躬",也借"躬"爲"窮",如《莊子·在宥篇》:"云將曰:'天降朕以德,示朕以默,躬身求之,乃今也得。'""躬身"與"窮身永樂,年壽延只"(《楚辭·大招》)之"窮身"同,作"終身"解。就是例證。("終""窮"有皆訓"盡",爲同義複合詞者,如《莊子·大宗師篇》:"相忘以生,無所終窮。""躬身"也有作"身體"解,爲同義複合詞者,如《國語·越語下》:"靡王躬身。"靡,損也。見韋注。)此文

“固將愁苦而終窮”，與下文“固將重昏而終身”的意義相同，故知
“終窮”就是“終躬”，作“終身”解。下文“終身”之“身”與其上文
“今之人”的人字爲韻，所以言“終身”。此文“終躬”之“躬”與上文
“山中”的“中”字爲韻，所以言“終躬”，只因把“終躬”寫作“終窮”，
而後人遂多不得其解。


### 69. 與前世而皆然兮

學海按：與，舉也。（舉，全也。）《楚辭·七諫》：“與世皆然
兮。”王逸注：“與，舉也。”《墨子·天志篇》：“天下之君子與謂之不
祥。”《孟子·滕文公下》：“與鑽穴隙之類也。”“與”字都作“舉”解。


### 70. 余將董道而不豫兮。

注釋⑪：我要遵守正道，毫不猶豫。董，正。

學海按：注釋訓“董”爲正，雖然是本於王注，也是不够妥當
的。觀注釋添“遵守”二字作解，就知其然。“余將董道而不豫
兮”，就是“我將要固行（必定地行）而不猶豫呀”。《廣雅》：“董，固
也。”《禮記·禮器篇》：“則禮不虛道。”道，行也。王注：“豫，猶豫
也。”“猶豫”是雙聲連綿詞，也可分言，如《老子》：“與兮若冬涉川，
猶兮若畏四鄰。”“與”即猶豫之“豫”，就是例證。“猶”“豫”二字，
連言與分言同義，故王注訓“豫”爲“猶豫”。（“猶與”也有重言者，
如《淮南子·兵略篇》：“擊其猶猶，陵其與與。”）


### 71. 固將重昏而終身。

注釋⑪：當然難免終身過著黑暗的生活。重昏，一再陷於黑
暗的環境。

學海按：重，多也。（見《左傳·成公二年》“重器備”杜注。）昏
爲“痻”之借字。痻，病也。（《詩·桑柔》：“多我覯痻。”鄭箋：“痻，

病也。"《釋文》:"瘄,音昏。")上文言"固將愁苦而終窮",(窮同"躬")此文言"固將重昏而終身",意義相同。故知"重昏"當作"多病"解。(多病就是多憂患。)注釋解"重昏"爲"一再陷於黑暗的環境",增字作解,是不夠妥當的。

### 72. 亂曰

注釋①:亂,歌曲的尾聲。

學海按:《論衡·亂龍篇》:"亂者終也。"此文之"亂曰",就是"結尾說"。亂訓終,故稱詩之末章曰亂,如《論語》"《關雎》之亂"。

### 73. 日以遠兮。

注釋②:一天比一天飛遠了。

學海按:注釋對於"以"字沒有解說。"以"和"已"古爲一字。(《禮記·檀弓篇》鄭注曰:"以與'已'字本同。")《呂氏春秋·至忠篇》:"王之疾必可已也。"高注:"已,猶愈也。"古字一訓多義,"已"爲"痊愈"之"愈",又爲"愈益"之"愈"。《左傳·昭公七年》:"國人益懼。""國人愈懼。""愈"與"益"同義,故亦連言,如《史記·游俠傳》:"少年聞之,愈益慕解之行。"《說苑·敬慎篇》:"位已高而意益下,官益大而心益小,祿已厚而慎不敢取。"《淮南子·道應篇》作:"孫叔敖曰:'吾爵益高,吾志益下;吾官益大,吾心益小;吾祿益厚,吾施益厚。'""已"與"益"爲互文,就是"已"作"愈"解之明證。《國語·楚語》:"民之羸餒,日已甚矣。"《古詩十九首》:"相去日已遠,衣帶日已緩。""已"也皆作"愈"解。"以"作"愈"解者,如此文"日以遠兮"和"相去日已遠"之"日已遠"相同,譯成現代漢語,都是"一天比一天越遠了"。此外如《淮南子·齊俗篇》:"其後齊日以大,至於霸,二十四世而田氏代之;魯日以削,至三十二世而亡。"《呂氏春秋·觀表篇》:"吳起果去魏入荊,而西河畢入秦,

魏日以削,秦日益大。"("日以大"與"日益大"同義,可證"以"當作
"愈"解)。《國語·吳語》:"民人離落而日以憔悴。"這也都是"以"
訓"愈"的例子。《史記·吳王濞傳》:"誅罰良善,日以益甚。""以
益"與"少年聞之,愈益慕解之行"(《史記·游俠傳》)之"愈益"同
義,是同義複合詞。("愈益"是副詞。)

### 74. 露申、辛夷,死林薄兮;腥臊並御,芳不得薄兮。

注釋④:露申、辛夷,都是植物,花很香很美。林薄,草木叢生
的地方。

學海按:"露申"二字,作"植物"解,於古無徵。王夫之《楚辭
通釋》云:"露申,未詳,或即申椒也。"按云"或即申椒",是想當然
的説法。王逸注云:"露,暴也。申,重也。叢木曰林,草木交錯曰
薄。言重積辛夷,露而暴之。"王氏對於"露申"二字的解釋也不妥
當,蓋由於只知"辛夷"爲香草。(《九歌》:"辛夷楣兮藥房。"王注:
"辛夷,香草。")而不知其生於林薄之中的原故。"露"同"路"。
(《廣雅》:"露,敗也。"《逸周書·黃門解》:"自露厥家。"《管子·四
時篇》:"國家乃路。"露,敗也。路同"露",亦敗也。説詳王念孫
《疏證》。)路,大也。(見《爾雅》)申同伸。《廣雅》:"伸,直也。"辛
夷,芍藥也。"露申辛夷",就是葉大莖直的芍藥,不把芍藥種在畦
里。(《離騷》:"畦留夷。"留夷,即辛夷,亦即芍藥。)而任它死在林
薄之中,(芍藥生在山裏,山裏有林薄,所以它死在林薄裏。)所以
緊接著説"腥臊并御,(御,進也。)芳不得薄兮"。(薄,至也。芳,
謂辛夷的香味。)《廣雅·釋草》:"攣夷,芍藥也。"王念孫《疏證》
云:"攣夷即留夷,留、攣,聲之轉也。張注《上林賦》云:'留夷,新
夷也。''新'與'辛'同。王逸注《楚辭·九歌》云:'辛夷,香草也。'
郭璞注《西山經》云:'芍藥,一名辛夷,亦香草屬。'然則《鄭風》之
芍藥,《離騷》之留夷,《九歌》之辛夷,一物耳。《毛詩·溱洧》傳

云：'芍藥，香草。'……案《西山經》云：'綉山，其草多芍藥。'《中山經》：句欄之山，條谷之山，洞庭之山，並云'其草多芍藥'。則芍藥，山草。《名醫別錄》云：'芍藥生中岳川谷及丘陵。'陶注云：'出白山、蔣山、茅山最好，白而長大，餘處多赤。'與《山經》合。則古之芍藥，即醫家之藥草芍藥也。今人畦種之，《離騷》所謂'畦留夷'者矣，其根莖及葉無香氣，而花則香，故《毛詩》謂之'香草'。猶蘭爲香草，亦是花香，莖葉不香也。"

### 75. 時不當兮。

注釋⑥：當，合適。

學海按：當，正也。（見《呂氏春秋·義賞篇》："豈非用賞罰當邪？"高注："邪，同'耶'。"）時不當，就是時令不正。

# 第六課　戰國策

## 觸讋説趙太后

**76. 左師觸讋願見太后。**

注釋②：觸讋，人名。

學海按：此文本作“左師觸龍言願見太后”。“觸龍”是人名，“言”作“説”解，今本作“讋”，是誤合“龍”“言”二字爲一字。説詳《讀書雜誌》。

**77. 太后盛氣而揖之。**

注釋⑧：氣沖沖地答應接見他。揖，原意是拱手，這裏是表示接見的樣子。

學海按：注釋解“揖”字的意義，有些牽強附會。王念孫云：“太后盛氣而揖之。吴曰：‘揖之，《史》云“胥之”，當是。’念孫按：吴説是也。《集解》曰：‘胥，猶須也。’《御覽》引此策作‘盛氣而須之’。隸書‘胥’字作‘𦙲’，因譌而爲‘㖸’，後人又加手旁耳。下文言‘入而徐趨’，則此時觸龍尚未入，太后無緣揖之也。”（見《讀書雜誌・戰國策第三》）我不同意王氏謂“揖”爲“胥”之誤的説法。揖，同“輯”，接也。太后聽説觸龍要見自己，就氣沖沖地接見他。《史記・秦始皇紀》：“搏心揖志。”（搏，同“專”。）《逸周書・大聚解篇》:"揖其民力,相更爲師。""揖"皆與"輯"同。《禮記·檀弓篇》:"有餓者蒙袂輯屨,貿貿然來。"《新序·節士篇》作"有餓者蒙袂接屨,貿貿然來"。就是"輯"訓"接"的證據。(按"接履"之"接"作"綁"解。接履,就是用麻繩綁著鞋。接,連也。連,就是綁。《史記·陳平世家》:"噲受詔,即反接載檻車。"反接,就是把兩隻手綁在背後。)

### 78. 老臣病足,曾不能疾走。

注釋⑩:曾,乃,以致。

學海按:"曾"字沒有"以致"的意義。"曾"當訓"猶"。(猶,尚也,口語曰"還"。)《管子·大匡篇》:"公曰:'其於寡人,曾若是乎!'"《小匡篇》作:"公曰:'其於寡人猶如是乎!'"("其"字指代管仲。)就是"曾"訓"猶"的證據。《史記·晉世家》:"且君老矣,旦暮之人,曾不能待而欲弒之。"《淮南衡山傳》:"紂貴爲天子,死曾不若匹夫。"《戰國策·齊策》:"生王之頭,曾不若死士之壟也。"《孟子·萬章篇》:"知虞公之不可諫而去,之秦,(之,至也。)年已七十矣,曾不知以食牛干秦穆公之爲汙也,可謂智乎?"《列子·湯問篇》:"其妻獻疑曰:'以君之力,曾不能損魁父之丘,如太形、王屋何?'……河曲智叟笑而止之曰:'甚矣,汝之不惠!以殘年,力,曾不能毀山之一毛,其如土石何!'北山愚公長息曰:'汝心之固,固不可徹,曾不若孀妻弱子。'"此上七個"曾"字都當訓"猶"。

### 79. 而恐太后玉體之有所郤也。

注釋⑫:郤,同"隙",指生病。

學海按:注釋謂"郤,同'隙',指生病",不够妥當。王念孫云:"郤字本作'卻',讀若'煩勮'之'勮',謂疲羸也。"(見《讀書雜誌》。勮,音劇。疲羸,就是疲憊。)我同意王氏的說法。

### 80. 不若長安君之甚。

學海按：在答話中，常有省略的成分。此文"不若長安君之甚"，是承觸龍所説的"媪之愛燕后賢於長安君"，而在"不若"下省略動詞"愛"字。（説全了，是"不若愛長安君之甚"。）答話中有省略介詞者，（如《孟子·滕文公上》："曰：'許子奚爲不自織?'曰：'害于耕。'"就是在"害"字上省略"爲"字，説全了是"爲害於耕"。）有省略動賓短語者，（如《論語·季氏篇》："曰：'學《詩》乎?'對曰：'未也。'"就是在"未"字下省略"學之"二字。説全了，是"未學之也"。）各視語言環境而定。

### 81. 持其踵而泣之。

注釋⑱：抓著她的腳跟（意思是拉住她）哭。

學海按：注釋對於"之"字没有解釋。"泣之"就是"爲（讀去聲）之（她）哭"。《左傳·襄公二十二年》："子南之子棄疾爲王卿士。王每見之，必泣。棄疾曰：'君三泣臣矣，敢問誰之罪也?'王曰：'令尹之不能，爾所知也；國將討焉，爾其居乎?'"（令尹，官名。這時候，子南爲令尹。令尹之不能，就是子南不善。）"三泣臣"就是屢次爲臣哭，與此文之"泣之"是同樣的説法。古漢語裏的動詞有"爲動用法"，（爲，去聲。）如《左傳·襄公十四年》："天生民而立之君。"《漢書·文帝紀》："天生民爲之置君以養治之。"（置，立也。）立之君，就是"爲之立君"，與"爲之置君"同義。"立"字就是"爲動用法"。

### 82. 故以爲其愛不若燕后。

學海按："其"指代上文之"媪"字，作"你"解。"愛"下省略賓語"之"（指代長安君。）字。此句可譯作"所以我以爲你愛長安君不若愛燕后"。古漢語裏的"其"字多有作"你"（或"你的"，或"你們"，或"你們的"。)解者。如：

(1)《史記·晉世家》："太子母繆嬴日夜抱太子以號泣于朝……出朝，則抱以適趙盾所，頓首曰：'先君奉此子而屬之子曰："此子材，吾受其賜；不材，吾怨子。"'"《左傳·文公七年》作："此子也才，吾受子之賜；不才，吾唯子之怨。"——"吾受其賜"和"吾受子之賜"同義，都譯作"我受你的恩惠"。

(2)《左傳·昭公二十七年》："今子愛讒以自危也，甚矣其惑也！"——這是沈尹戌對子常說的話。"其惑"就是"你糊塗"。

(3)《淮南子·道應篇》："出之者怨之曰：(兩個"之"字都指代陽虎。)'我非故與子反也，爲之蒙死被罪，而乃反傷我。宜矣其有此難也！'"——與，爲也。上"反"字讀爲"扳"，引也。此文可譯作："我不是從前被你援引的人，爲你冒犯著該死的危險，擔負著罪過，而你反倒傷害我。你有這個禍難應該呀！"

(4)《戰國策·趙策一》："知伯曰：'親之奈何？'知過曰：'如是則二主之心可不變，而君得其所欲矣。'"——而你得到你願欲的事了。

(5)《說苑·正諫篇》："客曰：'今秦四塞之國也，有虎狼之心，恐其有木梗之患。'"——怕你(指孟嘗君)有木梗的禍患。

(6)《墨子·尚同上》："里長發政里之百姓，言曰：'聞善而不善，必以告其鄉長。'"——聽到善事和不善的事，必拿它裏告你們的鄉長。

# 馮諼客孟嘗君

## 83. 孟嘗君客我。

注釋⑭：孟嘗君把我當作客人看待。

學海按："客我"就是"以我爲客"。《三國志・吳志・步騭傳》："天子父天母地。"《淮南子・精神篇》："以天爲父,以地爲母。"可知"父天母地"就是"以天爲父,以地爲母"的另一種説法。《左傳・宣公十年》："華元曰:'過我而不假道,鄙我也。'""鄙我"就是"以我爲邊鄙"。《吕氏春秋・行論篇》作:"華元言於宋昭公曰:'往不假道,來不假道,是以宋爲野鄙也。'"可以爲證。《史記・衛世家》："完母死,莊公令夫人齊女子之。""子之"就是"以之爲子"。《左傳・隱公三年》作:"其娣戴嬀生桓公,莊姜以爲己子。"可以爲證。("完"是桓公之名,"齊女"即莊姜。"以爲己子"是在"以"下省略"之"字,把它添出來,就是"以之爲己子"。)黃宗羲《原君》："有一二賢且智者,則衆人君之而受命焉。""君之"就是"以他爲君"。《左傳・定公十年》："公若曰:'爾欲吳王我乎?'遂殺公若。""吳王我"就是"以我爲吳王"。

### 84. 孟嘗君使人給其食用,無使乏。

學海按："給其食用"是雙賓語的句式。"其"作"之"(他)解,是間接賓語;"食用"(吃的和用的東西)是直接賓語。這種雙賓式的間接賓語,用"之"字者最多,如"孔子與之琴";(見《説苑・修文篇》。之,指代子夏。)而用"其"字者,也有些例子。如:

(1)《墨子・非命篇》："上帝不常,(常同"尚",助也。)九有以亡;上帝不順,祝降其喪。"——即大降之喪。《史記・楚世家》："命曰祝融。"《集解》引虞翻曰:"祝,大也。"《墨子・非樂篇上》："上帝弗常,九有以亡;上帝不順,降之百殃。"(殃,古"殃"字。)可證"降其"就是"降之"。

(2)《詩・雲漢篇》："瞻卬(同"仰")昊天,曷惠其寧!"——曷,盍也。就是"盍賜之安",也就是:"怎麼不給我們安寧!"

(3)《韓非子・主道》："君以其言授其事。"——"授其事"即授之事,《韓非子・二柄篇》:"君以其言授之事。"可以爲證。("其言"之"其"作"他的"解,不訓"之"。)

(4)《説苑・説叢篇》:"邦君將昌,天遺其道;大夫將昌,天遺之士。"(其,之也。)

(5)《漢書・董仲舒傳》:"予之齒者去其角,傅其翼者兩其足。"——傅借爲"付"。付其翼,就是"與之翼"。("傅"與附通用,故亦借傅爲付。角就是嘴。其角、其足之"其"不訓"之",作"他的"解。)

(6)《漢書・張釋之傳》:"假令愚民取長陵一抔土,陛下且何以加其法乎?"——且,將也。就是:"陛下將何以加之法乎?"

(7)《漢書・京房傳》:"王共其資用。"——就是梁王供之(指焦延壽而言。)資用。

(8)《史記・秦本紀》:"君試遺其女樂以奪其志。"——奪,亂也。(《論語》:"惡紫之奪朱也。"《孟子》作:"惡紫恐其亂朱也。")就是給之女樂以惑亂他的志意。

(9)《史記・平津侯傳》:"諸嘗與弘有郤者,雖詳與善,陰報其禍。"——郤同"隙"。詳同"佯"。

(10)《史記・孟嘗君傳》:"貸錢者多不能與其息。"——其,之也,等于他。

(11)《史記・孟嘗君傳》:"民頗不與其息……而民尚多不以時與其息。"——此二"其"字訓"之",皆等於"我"。

(12)《世説・言語篇》:"支公好鶴,住剡東仰山,有人遺其雙鶴。"

(13)《世説・德行篇》注:"所誣胡厚德攸,遺其驢馬。"——放火的那個胡人很感激鄧攸,送給他驢馬。

(14)《世説・文學篇》注:"思蚤喪母,雍憐之,不甚教其書學。"——思,是左思。雍,是左雍。左雍是左思的父親。

**85. 衣冠而見之。**

注釋①：穿戴得整整齊齊接見他。

學海按：注釋以"穿戴"二字代衣冠，似以衣冠二字爲動詞，但對於衣冠二字又沒有注音。衣冠二字作名詞解，都讀平聲，若作動詞解，都讀去聲。注釋沒有注音，是不够明確的。此文之"衣冠"都是名詞，在"衣冠"二字上各省略了動詞。把省略的動詞添出來，就作"衣衣冠冠"或作"服衣冠"，不省略動詞者，如"丘少居魯，衣逢掖之衣；長居宋，冠章甫之冠"。（《禮記·儒行》）又如"朝服衣冠窺鏡"。（見《趙國策·齊策》。"朝"作"早晨"解。）省略動詞者，除此文外，其例也常有。如：

（1）《論語·先進篇》："端、章甫，願爲小相焉。"鄭注曰："端，玄端也。衣玄端，冠章甫。"按鄭氏的解釋，就是把動詞"衣"和"冠"添出來了。

（2）《論語·鄉黨篇》："朝服而立于阼階。"——朝，音潮。"朝服"上面省略動詞"衣"。

（3）《論語·憲問篇》："憲問恥。子曰：'邦有道穀，邦無道穀，恥也。'"——穀，祿也。兩個"穀"字上，都省略了"食"字。

（4）《史記·刺客傳》："皆白衣冠以送之。"——"白"字上省略動詞"服"字。

（5）《國語·鄭語》："龍亡而漦在，櫝而藏之。"——櫝就是櫃，"櫝"上省略動詞"韞"字。《論語》："有美玉于斯，韞櫝而藏諸？"就沒有省略。

（6）《史記·滑稽列傳補》："床席，令女居其上，浮之河中。"——就是"設床席"。

（7）《左傳·成公十六年》："晉入楚軍三日穀。"——就是"食穀"。

（8）《左傳·僖公二十八年》："晉師三日館穀。"——就是"住館食穀”。

(9)《漢書·五行志》:“桃李華,棗實……皇后桑蠶以治祭服。”——就是“開花、結實,採桑養蠶”。

(10)《國語·吳語》:“夫一人善射,百夫決拾。”——韋注:“猶一人善射,百夫竟著決拾而效之。”決,鈎弦之器。拾,即拾捍,也是名詞。

(11)《説苑·修文篇》:“子夏三年之喪畢,見于孔子。孔子與之琴,使之弦。”——即“使之張弦”。

(12)《史記·張耳陳餘傳》:“願王毋西兵。”——即“願欲王勿向西出兵”。

(13)《韓詩外傳》六:“襄子曰:‘吾聞之叔向曰:君子不乘人于威,不厄人于險。使其城。然後攻之。’”——其,之也。即“使之筑城”。

(14)張溥《五人墓碑記》:“夫五人之死,去今之墓而葬焉。”——即“造墓而葬”。

(15)《文選·報任少卿書》:“韓非囚秦,《説難》《孤憤》。”——就是“著《説難》《孤憤》”。

(16)岑參《白雪歌》:“中軍置酒飲歸客,胡琴琵琶與羌笛。”——就是“彈胡琴、琵琶和吹羌笛”。


## 86. 君家所寡有者以義耳!

注釋⑤:正義的行爲。

學海按:注釋對於“以”字没有解釋。以,惟也,“以義耳”,就是“惟獨仁義而已”。“以”“惟”雙聲,古通用。(《書·吕刑篇》:“伯夷降典,折民惟刑。”《尚書大傳》作:“伯夷降典禮,折民以刑。”)所以“以”可訓“惟”。《史記·自序》:“不流世俗,不爭勢利,上下無所凝滯。人莫之害,以道之用。”即“惟道是用”。《太平御

覽》三百八十三引《新序》：“啓期曰：‘吾有三樂，天生萬物，以人爲
貴。’”（《列子·天瑞篇》作“唯人爲貴”。）——即“唯人爲貴”。

### 87. 竊以爲君市義。

學海按：“爲”讀去聲。“以爲君市義”就是“因此爲您買義”。
（以，因也。“以”下省略賓語“之”字。）

### 88. 不拊愛子其民，因而賈利之。

注釋⑦：不把人民看做自己的子女，好好地撫愛他們，倒在他
們身上做生意取利。拊，同“撫”。賈，做買賣。

學海按注釋解“子”爲子女，解“賈”爲做買賣，都不妥當。
“子民”之“子”有當作“子女”解者，如《漢書·景十三王傳》：“有司
奏元（劉元）殘賊不改，不可君國子民。”就是“不可以爲國君和以
民爲子女”。此文“不拊愛子其民”之“子”與“拊愛”連文，當讀爲
“慈”。“拊愛慈”三字是同義複合詞，與“覽相觀”（《離騷》：“覽相
觀於四極兮。”）連文同例。《晏子春秋·外篇》：“不可使子民。”
《墨子·非儒篇》作“不可使慈民”。《禮記·文王世子篇》：“庶子
之正于公族者，殺之以孝弟睦友子愛。”子愛即“慈愛”。《禮記·
樂記篇》：“致樂以治心，則易直子諒之心生矣。”朱子讀“子諒”爲
“慈良”。《喪服四制篇》：“繼世即位而慈良于喪。”都是借“子”爲
“慈”的例證。“因而賈利之”之“賈”字當訓“求”。（《國語·晉
語》：“謀於衆不以賈好。”韋注：“賈，求也。”）“之”字當訓“焉”，作
“於彼”解，就是“因而求利於彼”，也就是“因而向他們求利”。《國
語·周語》：“民神無怨，故明神降之。”《説苑·辨物篇》作“故明神
降焉”。《漢書·嚴助傳》：“此《老子》所謂‘師之所處，荆棘生之’
者也。”《老子》第三十章作“荆棘生焉”。此二例，“之”“焉”都作
“於彼”解。（“師之所處”的“之”字是結構助詞。）《説苑·建本

篇》："譬之如汙池，水潦注焉，菅蒲生之。"《禮記·中庸篇》："今夫山，一卷石之多；及其廣大，草木生之，禽獸居之，寶藏興焉。"《史記·貨殖傳》："淵深而魚生之，山深而獸往之，人富而仁義附焉。"此三例，"之""焉"是互文，也皆作"於彼"解。（"譬之"和"一卷石之多"的"之"字，不訓"焉"。）《漢書·禮樂志》："至周末世，大爲無道以失天下；秦繼其後，又益甚之。"即"又益甚於彼"。

## 89. 孟嘗君謂顧馮諼

學海按：《齊策》作"孟嘗君顧謂馮諼"，課本作"謂顧"，是誤倒。

## 90. 乃今日見之。

學海按：乃，於也。乃今日，也只説"乃今"，如《左傳·襄公九年》："吾乃今而後知有卜筮。"

## 91. 遣使者黃金千斤，車百乘，往聘孟嘗君。

學海按："黃金"上省略"以"（以，用也。）字。此種句式，或省略"以"字，或不省略"以"字。現在各舉例如下：

省略"以"字的，如《三國志·蜀志·法正傳》："張松書與先主及法正。"

不省略"以"字的，如《通鑒·赤壁之戰》："先以書遺操。"

省略"以"字的，如《漢書·霍光傳》："群臣後應者，臣請劍斬之。"

不省略"以"字的，如《左傳·哀公十五年》："以戈擊之。"

省略"以"字的，如《史記·項羽本紀》："吾得兄事之。"

不省略"以"字的，如《三國志·蜀志·先主傳》："瓚年長，先主以兄事之。"

## 92. 齊其聞之矣。

注釋⑦：其，這裏有"想必"的意思。

學海按："其"只訓"必"，並沒有"想"的意義。《左傳·襄公二十三年》："其然，將具敝車而行。"杜注曰："其然，猶必爾。""其"訓"必"，爲假設連詞，（如"其然"即"若然"。）也爲副詞，作"準"解。如《風俗通義·怔神篇》："晏子朝，公曰：'吾夢與二日鬭，寡人不勝，我其死也。'晏子曰：'公夢與二日鬭，不勝，恐必死也。'""其死"即"必死"，"其"與"必"是互文。《論語·子路篇》："冉子退朝。子曰：'何晏也？'對曰：'有政。'子曰：'其事也。'""其事"就是"準是事情"。《左傳·哀公十五年》："孔子聞衛亂，曰：'柴也其來，由也死矣。'"其來，就是"準來"。《墨子·節葬篇》："上稽之堯、舜、禹、湯、文、武之道而政（同"正"）逆之，下稽之桀、紂、幽、厲之事猶合節也。若以此觀，則厚葬久喪，其非帝王之道也。""其非"就是"準不是"。此文"齊其聞之矣"，"其"也和"準"同義，就是"齊國準聽見這個消息了"。

## 93. 寡人不足爲也

注釋⑬：不足爲：不中用，不足以做國君。

學海按：注釋解"不足爲"爲"不足以做國君"，是不妥當的，因爲一個"爲"字沒有"做國君"三個字的意義。當在"寡人不足爲也"下面用分號。（課本用逗號，不妥。）爲，助也。（《論語·述而篇》："夫子爲衛君乎？"鄭注："爲，助也。"）就是"寡人不足見助也"，（《詩·泯篇》："至於暴矣。"鄭箋解"暴"字爲"見酷暴"。）也就是"寡人夠不上被你輔助啊"。如此解釋，方與下面"愿君顧先王之宗廟，姑反國統萬人乎"的意義相關聯，而成爲一個複合詞。（寡人不足爲也；愿君顧先王之宗廟，姑反國統萬人乎！）

## 94. 三窟已就，君姑高枕爲樂矣。

注釋⑰：你且安安穩穩過快樂日子吧。

學海按：姑，當也。把此句譯成現代漢語，就是"您該安安穩穩地過快樂日子了"。"姑"與"固"古通用。（《韓非子·喻老篇》："將欲取之，必固與之。"《説林篇上》："將欲取之，必姑予之。"就是"固""姑"通用的例證。姑、固，皆作"先"解。）"固"訓"當"，所以"姑"也訓"當"。《孟子·萬章篇》："君之於氓也，固周之。"（趙注："固當周其窮乏。"按趙氏疊"固當"二字，就是訓"固"爲"當"。這種訓釋法，是趙注的通例。）《史記·刺客傳》："今日之事，臣固伏誅。"又："使者還報。蓋聶曰：'固去也！吾曩者目攝之。'"《荀子·正論篇》："刑稱罪則治，不稱罪則亂。故治則刑重，亂則刑輕，犯治之罪固重，犯亂之罪固輕也。"此上五個"固"字皆作"當"解。

# 第八課　司馬遷

## 信陵君列傳

**95. 客輒以報臣。**

注釋⑰：輒，就，常常。

學海按："輒"作"就"解，不作"常常"解。注釋裏的"常常"二字當刪去。"就"在文言裏作"則"，或作"即"。"輒"和"則"同義，也和"即"同義，所以說當作"就"解。《呂氏春秋·具備篇》："三年，巫馬旗褐衣敝裘而往觀化于單父，見夜漁者，得則舍之。"《孔子家語·屈節篇》作："見夜漁者，得魚輒舍之。巫馬期間焉曰：'凡漁者爲得，何以得魚即舍之？'"就是"輒"和"則"與"即"同義的例證。

**96. 終不以監門困故而受公子財。**

注釋④：總不能爲了守門困苦就接受公子的財物。

學海按：注釋裏"爲了"二字用得不妥當，在"困苦"下面欠"的緣故"三字。當譯作"到底不因爲守門困苦的緣故，就接受公子的財物"。此文之"以"字是"因爲"的意思，不是"爲了"的意思。"因爲"是表原因，"爲了"是表目的。"監門困故"四字是"原因"，不是"目的"，所以不可把"以"字解作"爲了"。

## 97. 今日嬴之爲公子亦足矣。

注釋②：今日我侯嬴給公子盡力也够了。

學海按：注釋以"給公子盡力"解"爲公子"，意思固然不差；但"爲"字是作"給"字解呢，是作"盡力"解呢，還是作"給盡力"解呢？實在是令人難以確定。"爲"字有"助"和"成"的意義。（《論語·述而篇》："夫子爲衛君乎？"鄭康成注："爲，助也。"《廣雅》："爲，成也。"）此文之"爲公子"，就是"幫助成全公子"。《韓非子·忠孝篇》："今有賢子而不爲父，則父之處家也苦；有賢臣而不爲君，則君之處位也危。"《吕氏春秋·慎小篇》："人臣之情，不能爲所怨；人主之情，不能愛所非。"此三"爲"字皆作"幫助成全"解。

## 98. 而公子親枉車騎，自迎嬴於衆人廣坐之中，不宜有所過，今公子故過之。

注釋：④ 不宜有所過——不該再去訪問誰。⑤ 故——特意地。

學海按：課本以"自迎嬴於衆人廣坐之中"爲句，是錯誤的。公子是到夷門迎接侯生。在夷門這個地方，何曾有"衆人廣坐"？像這樣斷句，豈不是不合邏輯麽？此文當以"而公子親枉車騎自迎嬴"十個字爲一句，在"嬴"字下用分號，"車騎"下面的逗號當去掉。以"於衆人廣坐之中"七個字爲句，在"中"字下用逗號。"今公子故過之"的"故"字當訓"已"。[1] 此一個複合句，當如下面

---

[1]《晋語一》："君故生心，雖蝎譖，焉避之？"就是"君已經生了害你的心，你雖然患譖，也没地方可躲避呀"。（蝎，音曷，是"害"的借字。害，患也。曷、害古通用，故亦借"蝎"爲"害"。）"故"訓"已"，通作"固"。如《韓非子·説難篇》："及彌子色衰愛弛，得罪於君；君曰：'是（此人）固嘗矯駕吾車，又嘗啖我以餘桃。'""固嘗"即"已嘗"，與"又嘗"相呼應。《孟子·滕文公篇》："夫世禄，滕固行之矣。"《梁惠王篇》："天下固畏齊之强也；今又倍地而不行仁政，是動天下之兵也。""固"也皆作"已"解。

的標點和翻譯：

"而公子親枉車騎自迎嬴；於衆人廣坐之中，不宜有所過，今公子故過之。"——而您親自委曲車馬迎接我；您在衆人廣坐的當兒，不應該去拜訪誰，現在您已經拜訪了我。

"衆人廣坐"，是指上文"魏將相宗室賓客滿堂"而言；"故過之"的"之"字是指侯嬴而言。注釋解"今公子故過之"的"故"字爲"特意地"，不合邏輯，因爲在侯嬴説這段話的時候，公子訪侯嬴的事情已成過去的緣故。所以"故過之"的"故"字當作"已經"解。

### 99. 而諸侯敢救者。

學海按：而，爾也。一説，而，若也，（口語曰"要是"。）是假設連詞。

### 100. 且公子縱輕勝、棄之降秦，獨不憐公子姊邪？

注釋⑤：公子即使不看重我，丟開我，致使我（按原文衍一"我"字，今刪。）被迫屈服於秦國，難道就不可憐你姐姐嗎？

學海按：注釋以"丟開我，致使我被迫屈服於秦國"十三字解"棄之降秦"四字，其中"致使我被迫"五字都是增添的，可以説是不得其解。《史記會注考證》謂"降"上當添"使"字，也是不得其解而以意添字。"棄之降秦"之"降"與"隆"同。隆，崇也。（《荀子·修身篇》："故君子隆師而親友。"隆師即崇師。）就是"棄我崇秦"。魏公子固然不是尊崇秦國的人，但在平原君嘴裏是可以這樣説的，因爲他責備魏公子，就説出這樣過激之言。《韓詩外傳》一："君人者，降禮尊賢而王，重法愛民而霸。"《荀子·天論篇》作"隆禮尊賢而王，重法愛民而霸"。降禮即隆禮，亦即"崇禮"。（《禮記·中庸篇》："敦厚以崇禮。")兩漢時讀隆若"降"〔1〕,故用"降"
爲"隆"。有人説,"棄之降秦"的"降秦",不當和上文"旦暮降秦"
的"降秦"異議。這也是片面地看問題。古書裏有"上下文同字異
義例",(見《古書疑義舉例》)如《論語·里仁篇》:"富與貴,是人之
所欲也,不以其道得之,不處也;貧與賤,是人之所惡也,不以其道
得之,不去也。"上"得之"作"取富貴"解,(得,取也。)下"得之"作
"捨貧賤"解。(得,同"置"。置,捨也。)又如《左傳·定公八年》:
"陽虎爲政,魯國服焉,違之徵死,死無益於主……虎曰:'魯人聞
予出,喜於徵死,何暇追!'"上"徵死"作"召死"解,下"徵死"作"救
死"解。(徵借爲"撜",撜,救也。)又如《史記·荆軻傳》:"道太子
願圖國事於先生也……雖然,光不敢以圖國事。"上"圖國事"作
"圖謀國事"解,下"圖國事"作"投棄國事"解。(説詳本著第 130
條)若不知古書裏有"上下文同字異義"之例,則以上三條,就都講
不通了。

### 101. 我豈有所失哉?

注釋②:難道我有什麽不對的地方嗎?

學海按:如注釋所解,則與下文"復引車還問侯生"的意義不

---

〔1〕《尚書大傳》"隆谷"鄭注云:"隆,讀如'竉降'之'降'。"隆,既讀若"降",故借
"降"爲"隆"。如《戰國策·齊策三》:"降雨下。"降雨即大雨。(《呂氏春秋·古
樂篇》:"降通漻水以導河。"高注:"降,大也。漻,流也。")降訓大,就是"隆"之
借字。(《説文》:"隆,豐大也。")《楚辭·天問》:"而禹播降。"就是借"播降"爲
"蕃隆"。《淮南子·泰族篇》:"攻不待衝隆而拔。"既是借"降"爲"隆"。《漢
書·司馬相如傳》:"業降于襁褓。"也是借"降"爲"隆"。(《史記》作:"業隆於襁
褓。")又有借"隆"爲"降"的地方,如《墨子·尚賢中》:"稷隆播種,農殖嘉穀。"
就是借"隆"爲"降"。(《書·呂刑篇》作"既降播種"。)《非攻篇》:"天命融隆火于
夏之城。"《荀子·賦篇》:"皇天隆物以示下民。"("示"同"長生久視"之"視"。視,
活也。)也都是借"隆"爲"降"。總之"降""隆"古今音通用,故《左傳·襄公二十六
年》:"自上而下,降殺以兩。"《漢書·韋玄成傳》引作"降殺以兩。"《禮記·喪服
小記》注云:"以不二降。"《釋文》:"降,一本作'隆'。"(《説文》:"隆,從生,降聲。")

相連貫。"豈"當訓"或"。〔1〕就是："我或者有不對的地方吧!"
"我豈有所失哉"的下面當用問號,不當用歎號。《經傳釋詞》把
"我豈有所失哉"之"豈"字訓爲"其"。"其"與"或"同義。此條的
解釋,就是採用《經傳釋詞》的説法而加以闡明。

### 102. 無他端。

注釋④:沒有別的辦法。

學海按:注釋以"辦法"解"端"字,是本於《史記會注考證》"端
猶方也"的説法。《論語·爲政篇》:"攻乎異端。"異端就是"別的
方術"。(《莊子·天下篇》:"天下之治方術者多矣。")

### 103. 尚安事客。

注釋⑦:還要門客做什麽呢?

學海按:"事"作"用"解。《莊子·説劍篇》:"周尚安所事金
乎?"《史記·酈生陸賈傳》:"迺公居馬上得之,安事《詩》《書》?"
《淮陰侯傳》:"王必欲長王漢中,無所事信。"都是"事"作"用"解的例
證。"事"和"使"通用。(《墨子·尚賢篇上》:"不能以尚賢事能爲政
也。"《尚賢篇下》:"逮至其臨衆,發政而治民,莫知尚賢而使能。"
"事"是"使"的借字。)"使"作"用"解〔2〕,所以"事"也作"用"解。

---

〔1〕《經傳釋詞》云:"豈,猶其也。"《莊子·外物篇》:"君豈有斗升之水而活我哉?"
《秦策》曰:"子常宣言代我相秦,豈有此乎?"學海按:"豈"和"其"都與"或"同
義,所以王氏訓"豈"爲"其"。"其"作"或"解者,如《左傳·成公三年》:"王送知
罃曰:'子其怨我乎?'"《列女傳·齊傷槐女傳》:"嬰(晏嬰)其有淫色乎?"《論
語·學而篇》:"夫子之求之也,其諸異乎人之求之與?"("其諸"作"或者"解。)
都是例證。

〔2〕《論語·學而篇》:"使民以時。"《吕氏春秋·原亂篇》:"用民以時。"《大戴禮·
主言篇》:"使民之力,歲不過三日。"《禮記·王制篇》:"用民之力,歲不過三
日。"都是"使"作"用"解的證據。

## 104. 如姬資之三年。

注釋⑭：資之——爲這件事出錢（懸賞）。之，它，指這件事。

學海按：注釋解"資之"二字太繞彎子，是不够妥當的，因爲若說懸賞，當言懸購。（《聶政傳》："王懸購其名姓千金。"）不當言"資之"。此文當以"如姬資之"爲句，"之"字下用句號。"三年"二字屬下句，"年"字下用逗號。（"三年，自王以下，欲求報其父仇，莫能得。""求"字下省略指代詞"之"字，就是"三年之久，自王以下之人，如姬願欲求他們報自己的父親之仇，没能辦到。"）"資"作"謀"解。（《禮記·表記篇》："事君先資其言。"鄭注："資，謀也。"按"資"訓"謀"，是"謀"的借字。）"資之"就是謀報其父仇。（"資之"的"之"字是指代詞，指其下面的"報其父仇"四字。）此外還有一種解釋。也是以"如姬資之"爲句。"資"與《離騷》"反信讒而齊怒"（今本作"齌怒"。王逸注云："齌，一作齊。"此據王注所云之"一本"。）之"齊"同。作"怒"解。（齊怒，就是憤怒。齊同"懠"。）《詩·板篇》："天之方懠。"毛傳："懠，怒也。""如姬齊之"，就是"如姬怒恨他"，也就是如姬恨殺其父之人。"資""齊"，古同音通用[1]，所以借"齊"爲"懠"，也借"資"爲"懠"。此兩種解釋，雖然都可以講得通，而後者較前者，尤合乎語法的一般性。

---

[1]《易·旅卦》："喪其資斧。"《漢書·王莽傳》引作"齊斧"。《禮記·昏義篇》："爲后服資衰。"鄭注："資當爲'齊'，聲之誤也。"《漢書·王莽傳》："封王氏齊縗之屬爲侯。"齊縗與"資衰"同。《禹廟殘碑》："資盛三牲。""資盛"與《孟子·滕文公篇》"以供齊盛"之"齊盛"同。這都是"資""齊"通用的證據。此文假"資之"爲"齊之"，猶《楚辭·涉江》"齊吳榜以擊汰"之假"齊"爲"資"也。（《廣雅》："資，操也。"）"資"從"次"聲。《説文》"資""䝿"同字。《詩·墙有茨》，《説文》作"牆有薋"。《漢書·禮樂志》："采薺，肆夏。"顔注："薺，《禮經》或作'資'。"也都是"資""齊"古同音的證據。

### 105. 如姬爲公子泣。

注釋⑮：對公子哭泣。

學海按：注釋解"爲"爲"對"，是可以的。"爲"作"向"解，如《史記·彭越傳》："彭王爲吕后泣。"就是"彭越向吕后哭泣"。《孟子·公孫丑下》："爲王誦之。"就是"向王言之"。"爲"訓"向"，字也作"謂"。《史記·鄭世家》："晉欲得叔詹爲戮，鄭文公恐，不敢謂叔詹言。"就是"不敢向叔詹説"。

### 106. 公子即合符

學海按："即"作"若"解（見《經傳釋詞》），等於口語的"要是"（假設連詞）。"即"字在《史記》中，多有這種用法，如《魯仲連傳》："彼即肆然而爲帝，過而爲政於天下，則連有蹈東海而死耳。"《袁盎傳》："申屠嘉曰：'使君所言公事，之曹與長史椽議，吾且奏之；即私邪，吾不受私語。'"都是例證。

### 107. 請數公子行日，以至晉鄙軍之日，北鄉自剄以送公子。

學海按：上"以"字作"於"解。（"以送公子"，就是"以之送公子"。"以"字下省略了"之"字。）此"以至"和"自天子以至於庶人"（《禮記·大學》）的"以至"不同義。（"以至於庶人"的"以"字作"及"解。）楊樹達《詞詮》："以，於也。"《左傳·桓公二年》："其弟以千畝之戰生，命之曰成師。"《儀禮·鄉飲酒禮記》："主人之俎以東。"《韓詩外傳》卷十："辱我以人中，死罪一也。"都是"以"作"於"解的例證。

### 108. 物有不可忘，或有不可不忘。

注釋⑩：事情有不應該忘記的，也有不應該不忘記的。

學海按：注釋解"或"爲"也"，固合邏輯，但是沒有證據。《經傳釋詞》：“或，猶又也。”引《詩・賓之初筵篇》“既立之監，或佐之史”爲例證。此文之“或有不可不忘”之“或”字，也當作“又”字解。《戰國策・秦策四》：“頃襄王二十年，秦白起拔楚西陵，或拔鄢、郢、夷陵，燒先王之墓。”“或拔”就是“又拔”。

### 109. 竊爲公子不取也。

注釋⑬：爲公子打算，這樣做，是不值得的。

學海按：注釋添“打算”二字作解，是不够妥當的。“爲”作“代（替）”解，“竊爲公子不取也”。就是“我的私意，替公子不採取呀。”（不採取“自驕而功之”。“竊”作“私”解。）《淮南子・主術篇》：“是猶代庖宰剝牲，而爲大匠斲也。”“爲大匠”，就是“代大匠”。（《老子》：“是謂代大匠斲。”）《人間篇》：“任登曰：‘智伯之强，威行於天下，求地而弗與，是爲諸侯先受禍也，不如與之。’”《史記・項羽紀》：“竊爲大王不取也。”《蘇秦傳》：“臣竊爲大王羞之。”《漢書・枚乘傳》：“此臣之所以爲大王患也。”此上四個“爲”字，都與“吾代二子愍矣”（見《左傳・昭公元年》。“吾”是齊國的國子自謂。二子指王子圍、伯州犂而言。）之“代”字同義。

### 110. 以無忌從之游，尚恐其不我欲也。

注釋⑫：還怕他們不願意同我做朋友哩。

學海按：注釋以“願意”解“欲”字是錯誤的，因爲“不我欲”，就是“不欲我”。（“不我欲”是否定句的倒裝式，“不欲我”是否定句的順陳式。這兩種句式在古漢語裏都有。）若把“不欲我”解作“不願意我”就不成話，所以注釋添字作解，而説成“不願意同我做朋友”。“欲”字在古漢語裏有“愛好”的意義。[1] 此文“不我欲”就

---

〔1〕《經義述聞》卷十八“欲於鞏伯”條云：“余雖欲於鞏伯，其敢廢舊典（注轉下頁）

是"不欲我",也就是不愛我。 就語法來説,"欲"作"願欲"解,是
助動詞;作"愛"解,是動詞。動詞下面帶賓語,就成爲動賓短語。
助動詞一般用在動詞上面,要是不用在動詞上面,而與其下面的
賓語相連,就不是動賓短語,而必須在賓語下面添上動詞方能表
達出明確的意思。所以"不我欲"作"不愛我"解是通的,作"不願
欲我"解是不通的。


### 111. 其不足從游!

注釋①:看起來(象平原君這樣的人)不值得同他做朋友。

學海按:注釋對於"其"字的解釋,是令人莫名其妙的。"其"
當作"甚"解。"甚不足從游"("從"下省略了"之"字)與"甚未足
畏"(見《通鑒・赤壁之戰》)句式同。《墨子・尚同篇上》"上以此
爲賞罰,其明察以審信",《尚同篇中》作"甚明察以審信"。《韓詩
外傳》三:"今汝衣服其盛,顔色充滿。"《説苑・雜言篇》作"衣服甚
盛"。可證"其"與"甚"同義。《説文叙》:"庶業其繁。"《墨子・耕
柱篇》:"人之其不君子者。""其"也皆當作"甚"解。"其"訓"甚",
通作"綦"。(綦,音其。《左傳・定公四年》:"楚子期。"《史記・楚
世家》作"子綦",《越絶書・平王内傳》作"子其"。是期、綦、其三

（續上頁注）以忝叔父?'引之謹案:欲猶好也。(好,呼報反。)言余雖愛好鞏伯,不敢廢
舊典而以獻捷之禮相待也。"(學海按:"欲於鞏伯"之"於"字是語助。"欲於鞏
伯"即"愛鞏伯",猶《孝經》"不敢惡於人"即"不敢憎惡人",《楚策》"攻大者易
危,而民弊者怨於上"即"怨長上"也。愛、惡、怨,都是外動詞,"惡於人""怨
於上"之"於"字都是語助。古者"欲"與"好"同義,凡《經》言"耆欲"皆謂"耆(音
嗜)好"也,言"欲惡"皆謂"好惡"也。《秦誓》:"我尚不欲。"《越語》:"吾不欲匹
夫之勇。"皆謂不好也。《論語》言"欲仁""欲善",《孟子》言"可欲之謂善",亦皆
與"好"同義。故《孟子》"所欲有甚於生者",《中論・夭壽篇》作"所好";《荀
子・不苟篇》"欲利而不爲所非",《韓詩外傳》作"好利"矣。又昭十五年《傳》:
"蔡人逐朝吳,朝吳出奔鄭。王怒謂費無極曰:'余唯信吳,故置諸蔡,女何故去
之?'對曰:'臣豈不欲吳?'"亦謂豈不好吳也。

字古同用。)《荀子·君子篇》:"刑罰綦省而威行如流,政令致明而化易如神。"就是刑罰甚省,政令至明。(致,同"至",最也。)

### 112. 乃裝爲去。

注釋②:就收拾行裝,作離開的準備。

學海按:"爲去"之"爲",不當訓"作"。此文"乃裝爲去"當在"裝"字下用逗號,在"去"字下也用逗號。(下文"夫人具以語平原君"之"君"字下,也當用逗號。)"爲去"作"將去"解。《荆軻傳》:"乃裝,爲遣荆卿。"與此"爲"字同義。(即"乃裝,將遣荆卿"。)《經傳釋詞》曰:"爲,猶將也……《史記·衛將軍驃騎傳》:'驃騎始爲出定襄,當單于,捕虜,虜言單于東,乃更令驃騎出代郡。'言始將出定襄,后更出代郡也。"

### 113. 公子傾平原君客。

注釋⑤:公子把平原君的門客都吸引過來了。

學海按:注釋所説,不合邏輯,因爲上文是説"平原君門下聞之,半去平原歸公子",並没有説"全去平原君歸公子"。怎可説"公子把平原君的門客,都吸引過來了"呢!"公子傾平原君客"之"傾",作"超過"解,就是"公子的門客超過了平原君"。《漢書·田蚡傳》:"蚡新用事,卑下賓客,進名士家居者貴之,欲以傾諸將相。"顏注曰:"傾,謂踰越而勝之也。"是"傾"字有"超過"的意義。《續烈女傳·趙飛燕姊娣傳》:"俱爲婕妤,貴傾後宮。""傾"亦作"超過"解。

### 114. 公子恐其怒之

注釋⑦:公子恐怕魏王惱恨他。

學海按："怒之"當作"怒己"解。[1] 因爲此文"公子恐其怒之,乃誡門下:'有敢爲魏王使通者死!'""公子"二字是説"有敢爲魏王使通者死"這句話的主語。"公子"二字既是主語,就當把"公子恐其怒之"之"恐"字當作"怨",是字形之誤。上文説"魏王怒公子之盗其兵符",此文説"公子怨其怒之",正相照應。因爲公子怨恨魏王惱怒己,所以"誡門下有敢爲魏王使通者死"。今本"怨"字誤作"恐"字,就於事理不合了。(魏王既然派使者來請公子,公子爲什麼還怕魏王怒己呢?)"恐"和"怨"字形相似,容易致誤。《戰國策·燕策三》:"時怨急,劍堅,故不可立拔。"曾本"怨"作"恐","怨"是"恐"之誤字。《史記·荊軻傳》作:"時惶急,劍堅,故不可立拔。"即其明證。("時恐急"和"時惶急"同義。)《燕策》"恐"誤作"怨",此文"怨"誤作"恐",都是因爲字形相近的緣故。

## 115. 公子當何面目立天下乎?

注釋⑭:當——該。

學海按:當,作"尚"解。(尚,在口語作"還"。)《漢書·成帝紀》:"未聞在位有惻然者,誰當助朕憂之?"《説苑·雜言篇》:"處常待終,當何憂乎?"《史記·東越傳》:"今小國以窮困來告於天子,天子弗振。(振,救也。)當安所告愬?(愬,同"訴"。)又何以子

---

[1] 《吕氏春秋·務大篇》:"燕爵顔色不變(爵同雀),是何也?不知禍之將及之也。""及之"即"及己"。《大篇》作"乃不知禍之將及己也",可以爲證。《新序·雜事篇》:"諸侯自擇師者王,自擇友者霸,足己而群臣莫之若者亡。"而,以也。莫之若,即莫己若。《荀子·堯問篇》作"諸侯自爲得師者王,得友者霸,得疑者存。"郝懿行云:"疑"即"師保疑丞"之疑。疑,謂可以決疑者也。自爲謀而莫己若者亡,可以爲證。《春秋繁露·楚莊王篇》:"湯之時,民樂其救之于患害也。""救之"即"救己"。《列子·説符篇》:"人不尊己,則危辱及之矣。""及之"即"及己"。《管子·牧民篇》:"能佚樂之,則民爲之憂勞;能富貴之,則民爲之貧賤;能存亡之,則民爲之危墜;能生育之,則民爲之滅絶。""爲之"皆即"代己"。(其餘四個"之"字都指代民,作他們解。)

萬民乎?"《韓非子·外儲説右篇》:"今四者不足以使之,則望(吕望)當誰爲君乎?"此四例,"當"也都作"尚"解。

### 116. 公子亦欲因此時定南面而王

注釋⑩:要趁這個時候定下即位稱王的局面。

學海按:注釋解"定"爲"定下",是望文生訓。"定南面"就是"恭己正南面而已矣"(《論語·衛靈篇》)之"正南面","正"是本字,"定"是借字。"公子亦欲因此時正南面而王",就是"公子也愿欲因此時自立稱王"。"正""定"古通用,(古讀"正"若"定"。)《書·堯典篇》:"以閏月定四時成歲。"《史記·五帝紀》作"正四時"。《國語·齊語》:"正卒伍。"《漢書·刑法志》作"定卒伍"。都可爲證。古書裏有假"正"爲"定"者,如《公羊傳·莊公二十六年》:"師,出不正反,戰不正勝也。"(《穀梁傳》作"師出不必反,戰不必勝"。)又如《莊子·齊物論》:"吾誰使正之。"(其下文"正之"二字凡八見。"正"都是"定"的借字。)又有假"定"爲"正"者,如《詩·日月篇》:"胡能有定! 寧不我顧。"(即"何能有正,乃不顧我"。)

### 117. 天子諸公子亦有喜士者矣,然信陵君之接巖穴隱者,不恥下交,有以也。

注釋⑭:有以也──確有道理的。

學海按:"有以"二字的普通解釋的"有原因"。(如《吕氏春秋·直諫篇》:"凡國之存也,主之安也,必有以也。""有以"就是"有原因"。)此文之"有以"作"有原因"解,就説不通,因爲凡喜士者,都是有原因的。怎可只説信陵君的喜士有原因呢? 注釋解"有以"爲"有道理"仍然是説不通,因爲凡喜士者,也都是有道理的。至於解"有以"爲"有道理",那是想當然的説法,就更不足道了。那麼"有以"二字應該怎樣解釋呢？我以爲"有"音"又"，"以"同"已"。(《禮記•檀弓篇》鄭注曰："'以'與'已'字本同。")"以"作"愈"解。"有以"即"又愈"，也就是"又優盛"。(《論語•先進篇》："然則師愈與？"師愈，就是子張優勝。)古漢語裏所用之字，多有一訓數義者，(如"猶"，若也。有"若似"和"若或"二義。《左傳•隱公四年》："夫兵，猶火也。""猶"就是"似"。《宣公四年》："鬼猶求食，若敖氏之鬼，不其餒而？"猶，就是"若"，等於"要是"。)"已"訓"愈"，除作"優勝"解以外，又作"痊"解，作"益"解。其作"痊"解者，如《呂氏春秋•至忠篇》："王之疾必可已也。"高注："已，猶愈也。"其作"益"解者，如《古詩十九首》："相去日已遠，衣帶日已緩。"就是"日益遠，日益緩"。(也可説是"日愈遠，日愈緩"。)"已"字的此種用法也寫作"以"，如《呂氏春秋•觀表篇》："吴起果去魏入荆，而西河畢入秦，魏日以削，秦日益大。"就是"魏日愈削"，"以"和"益"是互文。"已"與"愈"一聲之轉。"已"與"愈"同義，猶"怡怡"與"愉愉"同義。

# 荆軻傳

### 118. 試往，是宜去，不敢留。

注釋⑪：且去找找看吧，不過這件事(指論時候瞪他一眼)應該使他已經離開這里，不敢再住下去了。

學海按：注釋以"這件事"解"是"字是錯誤的，"是"作"此"解。"此宜去"就是"此人"應該離去了。就語法言，此人是指示形容詞，"此"作"此人"解，則"此"字是指代詞。"此"爲指代詞者，如《左傳•桓公十六年》："急子至，曰：'我之求也，此何罪？'"(此，就是"此人"，指壽子言。)此文"是宜去"之"是"字，和"此何罪"之

"此"字同義,作"此人"解,指荊軻言。《左傳·莊公十一年》:"既而聞之曰:'公子御說之辭也。'臧孫達曰:'是宜爲君,有恤民之心。'""是宜……"就是"此人(指公子御說)應當……",與此文"是宜去"之"是宜"結構相同。《史記·黥布傳》:"令尹曰:'是固當反。'上曰:'是計將安出?'""是"皆作"此人"解(指黥布言)。《左傳·昭公十二年》:"左史倚相趨過,王曰:'是,良史也。子善視之。(楚靈王稱子革爲子。)是能讀三墳、五典、八索、九丘。'""是"字也都作"此人"(指倚相)解。有"於""是"二字連文,而"是"字作"此人"解者,如《孟子·公孫丑篇》:"爾何曾比予於是(指管仲)?"《荀子·君道篇》:"彼其人者,生乎今之世,而志乎古之道。以天下之王公莫好之也,("以"作"於"解。)然而於是獨好之;以天下之民莫欲之也,(欲,爲也。《韓詩外傳》作"莫爲之"。)然而於是獨爲之;好之者貧,爲之者窮,然而於是獨猶將爲之也,不爲少頃輟焉。"都是例證。

### 119. 使使往之主人。

注釋⑫:派人到荊軻寄住的那一家的主人那裏去。

學海按:"主人"作"主人之家"解,這是屬於積極修辭裏的借代格(以其人代其人之所在地)。下文"其所游諸侯",也是這樣的例子,就是"其所游諸侯之國"。這種修辭格,見於先秦之書者,如"不得已,而之景丑氏宿焉。"(《孟子·公孫丑篇》)就是"不得已而往到景丑氏的家裏住下了"。又"往之主人"之"往之"就是"往到"。(之,至也。)《孟子·滕文公篇》說:"往之女(汝)家。"就是"往到你的丈夫家"。又說"自楚之滕"就是"從楚國到滕國"。《呂氏春秋·論人篇》:"豪士時之,遠方來賓,不可塞也。""之"也作"到"解。

## 120. 吾嘗者目攝之。

注釋⑮：目攝：怒目而視。

學海按：攝同"懾"，(《左傳・襄公十一年》："武震以攝威之。"《釋文》："攝，之涉反。""之涉反"即"懾"字之音。)作"恐"解。目攝之，就是"用眼恐嚇他"。説詳《讀書雜誌・史記第五》。

## 121. 會燕太子丹質秦亡歸燕。

注釋⑩：恰巧這時候，在秦國作質的燕國太子叫丹的，從秦國逃到燕國。

學海按：依注釋的解法，則正文當作"會質秦之燕太子丹亡歸燕"，而不當作"會燕子丹質秦亡歸燕"。豈不是誤解嗎？此文當在"秦"下用一個逗號。"質"下省略了"於"字，《燕策》作"燕太子丹質於秦，亡歸"，可以爲證。全句當解作"正碰上燕太子丹在秦國作質，逃回燕國。"

## 122. 民衆而士厲。

注釋⑥：士厲——士氣旺盛。士，兵士。厲，這裏有奮發的意思。

學海按：《左傳・定公十二年》："與其素厲，寧爲無勇。"杜注："厲，猛也。"

## 123. 意有所出

注釋⑧：假如秦國要出兵攻打燕國。

學海按：注釋解"意"字爲"假如"，固然可通；然在旁處則沒有見到這種説法。"意"當作"或"（口語叫"或者"）解。《新序・雜事篇》："君意沐邪？何悖也？"《説苑・辨物篇》："天之無烈風淫雨，意中國有聖人邪？"《史記・吳王濞傳》："今吳王自以爲與大王同憂,願因時循禮棄嫗,以除患害於天下,意亦可乎?"《韓詩外傳》四:"意若國中有聖人乎?"(意亦,意若,都和"或者"同義。)《韓非子·外儲說左上篇》:"意不欲寡人反國邪?"《墨子·公孟篇》:"意者先王之言,有不善乎?"《晏子春秋·雜篇》:"意者非臣之罪乎?"此上七個"意"字,都作"或"解。(《經傳釋詞》卷三"抑"字條云:"意者,之言或者也。")

## 124. 然則何由?

注釋⑪:那麼怎麼辦呢?

學海按:注釋以"辦"字解"由"字是有證據的。《墨子·非命篇中》:"凡出言談,由文學之爲道也。"孫詒讓云:"由,爲也。"《非命篇下》作"今天下之君子之爲文學,出言談也"。可證"由"就是"爲"。"爲"與"辦"同義。

## 125. 心惕然,恐不能須臾。

注釋⑫:怕一會兒也不能等待。

學海按:注釋解"不能"爲"不能等待",是不够妥當的。能,耐也。(見《呂氏春秋·審時篇》高注。)不能須臾,就是一會兒也忍耐不了。能,音耐,(見《廣韻·代韻》。)故訓"耐"。《漢書·晁錯傳》:"胡貊之人,性能寒。"顏注:"能,讀曰耐。""能寒"即耐寒。"能"訓耐,或讀曰耐,都可以。

## 126. 且非獨於此也。

學海按:《經傳釋詞》訓"於"爲"如",(如,似也。)引此文爲例,是很正確的。《左傳·襄公八年》:"今譬於草木。"《禮記·中庸篇》:"不怒而民威於斧鉞。"(威,畏也。)"於"都當作"如"解。

## 127. 是固丹命卒之時也。

注釋⑮：這正是我舍棄生命（以掩護樊將軍）的時候了。

學海按：《爾雅》：“卒，盡也。”命卒，就是“命盡”。

## 128. 連接一人之後交。

注釋⑳：結交一個新的朋友。後交，新歡。

學海按：注釋解“後交”爲“新的朋友”，是不正確的。“後”同“厚”。“厚交”就是“厚友”，也就是好朋友。（就字面前，“厚友”是親厚的朋友。今河北省灤縣的方言，有“至親厚友”一語。）古時多謂“友”曰“交”。如《史記·酈商傳》：“天下稱酈寄賣交也。”《漢書》作“賣友”。《荊軻傳》：“而棄所哀憐之交。”《莊子·山木篇》：“親友益疏。”《呂氏春秋·無義篇》：“鄭平於秦王，臣也；其於應侯，交也。欺交反王，爲利故也。”都是例證。“後”“厚”二字古通用，如《呂氏春秋·驕恣篇》：“故若簡子者，能後以理督責於其臣矣。”（臣，謂樂徹。）“後以理”，就是“厚（厚，重也。）以理”。《公羊傳·僖公二年》：“且夫玩好在耳目之前，而患在一國之後。”“後”同“厚”，作“大”解。（《國語·魯語》：“不厚其棟。”韋注：“厚，大也。”）都可爲證。由此可知此文之“後交”就是《淮陰侯傳》之“厚交”。（“今足下雖自以與漢王爲厚交，爲之盡力用兵，終爲之所禽矣。”）

## 129. 且以雕鷙之秦，行怨暴之怒，豈足道哉！

注釋⑥：難道還用説嗎？

學海按：注釋解“足”字爲“還用”，不妥當。“足”作“可”解。[1]“豈足道哉”，就是“難道可以説嗎”，意思是“其禍慘不可

---

[1] 注：足訓可，見《助字辨略》。《孟子·盡心篇》：“是奚足哉！”就是“此何可哉”！也就是説“高子所談的理由不可以”。

言"。

## 130. 雖然，光不敢以圖國事。

注釋⑲：不敢——這裏作"不能"講。

學海按：上文言"圖國事於先生"，作"圖謀國事"解，是正確的。此文"不敢以圖國事"之"圖"字也作"圖謀"解，則無論"不敢"二字作"不能"解或作"没有膽量"解，都是説不通的。因爲"雖然"二字的上面説"臣聞騏驥盛壯之時，一日而馳千里；至其衰老，駑馬先之。今太子聞光盛壯之時，不知臣精已消亡矣"，是田光自言老而無能，不能够圖謀國事。"雖然"是轉詞，若"雖然"以下仍然説，光不能圖謀大事，那還能成文理嗎？ 查此文"雖然，光不敢以圖國事"，《燕策》作"雖然，光不敢以乏國事也"。是"圖"當與"乏"同義。乏，廢也，棄也。（《莊子·天地篇》："子往矣，無乏吾事！"《釋文》："乏，廢也。""乏"訓廢，是"窆"之借字。《廣雅》："窆，棄也。"窆，方乏反，與"乏"同音。）"圖"同"度"。（《楚辭·九章·懷沙》："前圖未改。"《史記·屈原傳》作"前度未改"。）度，投也，棄也。"光不敢以圖國事"，就是"我不敢因此扔棄了國事"。"度"訓"投"，有兩種意義：一個是投擲，如《詩·緜篇》："度之薨薨。"（鄭箋："度猶投也。"）一種是扔棄。（《廣雅》："投，棄也。"）如《墨子·耕柱篇》："天下莫不欲與其所好，而度其所惡。"（與，從也。）"度"作"扔棄"解，借"圖"爲之，除此"不敢以圖國事"外，又見於《尚書·多方篇》，如："洪惟圖天之命，弗永寅念于祀……厥圖帝之命，不克開於民之麗……乃惟爾辟。（辟，君也。）以爾多方大淫屑有辭，圖天之命。"（今本作"大淫圖天之命，屑有辭"，是誤倒。"大淫屑有辭"，"屑"同"泆"，"辭"同"怠"，就是"大淫泆又怠。"）"圖"皆當作"扔棄"解。圖天之命，猶言"屑播天命"。（《多方篇》："爾乃屑播天命。"）"光不敢以圖國事"，"楓山""三條本""圖"作"乏"，是據《燕策》而改,並非"圖"爲"乏"之誤字。又《史記會註考證》謂"圖"爲"匱"之誤字,也不妥當。

### 131. 得使至前,敢有所言。

注釋④:使我能够到您面前,大膽地説些話。

學海按:"敢"當作"能"解。《論語·述而篇》:"若聖與仁,則吾豈敢?"《孟子·公孫丑篇》作"聖則吾不能"。《淮南子·原道篇》:"以其無争於萬物也,故莫敢與之争。"《老子》作:"夫唯不争,故天下莫能與之争。"《管子·明法解》:"故案其功而行賞,案其罪而行罰。如此則群臣之舉無功者,不敢進也;毀無罪者,不能退也。故明法曰,譽者不能進,而誹者不能退也。"《左傳·僖公二十八年》:"非敢必有功也,願以間執讒慝之口。"(間執,堵塞也。)此上四個"敢"字,都作"能"解。

### 132. 丹之私計,愚以爲誠得天下之勇士使於秦。

注釋㉚:愚,我。

學海按:以"丹之私計"爲句和訓"愚"爲"我",都不妥當。當以"丹之私計愚"爲句。此是太子丹自謙之辭。(《漢書·鄒陽傳》:"王先生曰:'先日欲獻愚計。'""愚計"二字,也是自謙之辭。)就語法言,"丹之私計"是主語,"愚"是謂語,與上文"太傅之計曠日持久"的"太傅之計"是主語、"曠日持久"是謂語同例。課本以"丹之私計"爲句,是只有主語,而没有謂語,豈不是既不合語法,又使語意不完全嗎?《史記》不易讀,讀者對於斷句,時有錯誤。即以本傳來談,《史記會註考證》對於篇末贊語的斷句,是:

> 太史公曰。世言荆軻,其稱太子丹之命,天雨粟、馬生角也。太過。又言荆軻傷秦王。皆非也。

我以爲這樣斷句，是有些錯誤的。當如下面的斷句：

> 太史公曰：世言荆軻，其（指代荆軻）稱太子丹，之命天雨
> 粟、馬生角也太過；又言荆軻傷秦王。皆非也。

稱，讀去聲，作“隨”解。（《禮記·檀弓篇》：“稱家之有無。”孔
《疏》：“稱，猶隨也。”）“故負魏王而救趙，以稱平原君”（見《信陵君
傳》）之“稱”字，就是此種意義。“之命”作“以告”解。[1] 全句可
譯作：“世人説荆軻，他隨順太子丹，是因爲秦王命告太子丹‘天雨
粟，馬生角’的話太厲害；（《索隱》云：“燕丹子曰：‘丹求歸。’秦王
曰：‘烏白頭，馬生角，乃許耳。’”）又説荆軻刺傷了秦王。都不是
實事呀。”

### 133. 窺以重利

注釋①：意思是説，拿很大的好處買他（秦王）的歡心。窺，原
意是偷看，這裏是給他看（引誘他）的意思。

學海按：《索隱》説：“窺，示也，言以利誘之。”是此注所本。
《索隱》訓“窺”爲“示”，是望文生訓，不可依從。《史記會註考證》
説：“闚當作‘闠’，闠、唅通。”（考證本“窺”作“闚”。）我以爲“闚”字
決非“闠”字之誤。闚（窺）同“規”，《莊子·盜跖篇》：“夫可規以利
而諫以言者，皆愚陋恒民之謂耳。”（謂，爲也，即皆爲愚陋恒民
耳。）《莊子》之“規以利”即此文所本。規，謀也。（見《淮南子·主
術篇》“故心知規而師傅論導”高注。）所謂“將欲取之，必姑與之”，

---

[1] 《戰國策·齊策》：“之其所短。”高注：“之，猶用也。”“用”與“以”同義，故“之”亦
訓“以”。《淮南子·繆稱篇》：“吳鐸以聲自毀，膏燭以明自鑠，虎豹之文來射，
猨狖之捷來措。”（來，致也；措，刺也。見高注。）“之”與“以”互文。（虎豹以文
致射，猨狖以捷致刺。）

就是"謀以重利"的意思。"閱""窺"皆從規聲。既借"窺"爲"規"，也借"規"爲"窺"，如《管子·君臣篇》："國無常法，則大臣敢侵其勢。大臣假於女之能以規主情，婦人變寵，假於男之知以援外權。""規主情"就是"窺主情"。

### 134. 則不可，因而刺殺之。

注釋⑤：則，如果。

學海按：則，若(要是)也，見《經傳釋詞》。

### 135. 父母宗族皆爲戮没。

注釋⑪：父親、母親和同族人都被殺死，財物都被没收。

學海按：注釋解"没"字爲"財物都被没收"是不正確的。"戮没"是同義複合詞，就是"戮殺"。"没"同"歿"。《吕氏春秋·離俗覽》："每朝與其友俱立乎衢，三日不得，却而自歿。"就是"賓卑聚退而自殺"。《史記·聶政傳》："妾其奈何畏歿身之誅？終滅賢弟之名。"歿身就是"殺身"。(誅，責也。)《荀子·彊國篇》："辟之是猶欲壽而剄頸，愚莫大焉。"楊注："剄當爲'刎'。"王念孫曰："按《説文》，刎或作歿。《吕氏春秋·高義篇》：'石渚歿頭乎王庭。'歿頭，即刎頭也。'刎''剄'皆從勿聲，故'刎'字兼有歿、剄二讀，無煩改'刎'爲'剄'也。"(見《讀書雜誌》。)據王氏所考證，"歿"訓殺，是"刎"之借字。刎古音若"歿"，今河北省灤縣的方言謂"刎頸"爲"没脖子"("没"讀上聲)，猶存古音。

### 136. 將軍豈有意乎？

注釋⑤：你看怎麽樣？

**137. 乃復請曰：“日已盡矣！荊卿豈有意哉？”**

學海按：“豈”作“或”解，（説見本著第101條。）兩個“有意”不同義。“將軍其有意乎”，就是樊將軍或（或者）有心意嗎？“荊卿豈有意哉”，意，疑也。[1] 就是荊卿或有懷疑嗎？古書有“上下文同字異義例”。（見《古書疑義舉例》）此文兩個“豈有意”不同義，猶上文兩個“圖國事”不同義（見上面第130條），《信陵君列傳》兩個“降秦”不同義。（“今邯鄲旦暮降秦”，作“投降了秦國”解；“棄之降秦”，“降”同“隆”，隆秦就是尊崇秦國。）此種上下文同字不同義的現象，在他書也有。如《左傳·定公八年》：“陽虎爲政，魯國服焉，違之徵死。死無益於主……虎曰：‘魯人聞余出，喜于徵死，何暇追予？’”前面的“徵死”作“召死”解，後面的“徵死”作“救死”解。（“徵”爲“撜”之借字。撜，救也。）《論語·里仁篇》：“富與貴，是人之所欲也，不以其道得之，不處也；貧與賤，是人之所惡也，不以其道得之，不去也。”上“得之”就是取之，也就是取富貴；下“得之”就是“捨之”，（得爲“置”之借字。置，捨也。）也就是捨貧賤。

**138. 此臣之日夜切齒腐心也。**

注釋⑦：咬牙，痛心。

學海按：王引之曰：“腐讀爲‘拊’。《爾雅》：‘辟，拊心也。’郭注：‘謂椎胸也。’《燕策》正作‘拊心’。”（見《讀書雜誌·史記第五》。）

---

[1] 注：《文選·長揚賦》注引《廣雅》：“意，疑也。”《呂氏春秋·去尤篇》：“人有亡鈇者，意其鄰之子。”《史記·梁孝王世家》：“梁王陰使人刺殺袁盎及他議臣十餘人，於是天子意梁王。”《張儀傳》：“嘗從楚相飲，已而楚相亡璧，門下意張儀。”《直不疑傳》：“其同舍有告歸，誤持同舍郎金。已去金主覺，妄意不疑。”此上四“意”字都作“疑”解，説見《讀書雜誌·史記第四》。

**139. 既已不可奈何？**

注釋⑨：既然已經没有辦法了。

學海按："既然"與"已經"同義，二者當去其一。《經傳釋詞》："不，無也。"不可奈何，就是"無可奈何"。

**140. 乃裝爲遣荆卿。**

注釋⑰：就整治行裝，準備派荆軻上路。

學海按："乃裝"下當用逗號，"爲遣荆卿"下當用分號。"爲"作"將"解，就是將遣荆軻。(説見本著第 112 條。)下面"燕國有勇士秦舞陽，年十三殺人，人不敢忤視，乃令秦舞陽爲副。"在"爲副"下當用句號；在"陽"下、"人"下、"視"下，都當用逗號。

**141. 何太子之遣！往而不返者，豎子也。**

注釋：⑤怎麽太子打發這樣一個人去呢！⑥去了不回來(只會去白送死)的，是最没用的人。豎子，没用的人。

學海按：注釋解"豎子"爲"没用的人"不明確。"豎子"是謂秦舞陽。意思是："這一去不能够回來，(必然失敗)就是因爲秦武陽啊！"古來謂作奴僕的童子曰"豎子"，因而謂庸劣無能可鄙視的人亦曰豎子。(《平原君傳》："白起，小豎子耳。")"何太子之遣"，就是"何太子遣之"。"之"作"他"解，指秦舞陽。"之"字爲"遣"的賓語而倒置在"遣"字上面，在古漢語裏雖然是變例，然而也有一些。現在舉二十餘例於下：

(1) 赫赫師尹，民具爾瞻。(《詩·節南山》)——爾瞻，就是"瞻爾"。

(2) 豈不爾受？既其汝遷。(《詩·巷伯》)——既而他遷汝。

(3) 俾予靖之，後予極焉……俾予靖之，後予邁焉。(《詩·菀柳》)——予極、予邁，就是"極我""邁我"。鄭箋曰："後反誅放我。"是鄭氏以"極"爲"殛鯀於羽山"之"殛"。"殛""極"都作"放"解。（極訓"放"，見《儀禮·大射禮》注。）馬瑞辰曰："邁，行也。"與《左傳》"將行子南"同義。（見《毛詩傳箋通釋》。）按"行子南"就是"放逐子南"。

（4）訊予不顧。（《詩·墓門》）——即諫諍他，（訊，諫也。）他不顧我。

（5）曰予不戕。（《詩·十月之交》）——曰作"謂"解，就是"謂不戕我"。

（6）爾卜爾筮。（《詩·氓》）——即"卜爾筮爾"。

（7）予若吁，懷茲新邑。（《書·盤庚》）——即"我呼汝歸茲新邑"。

（8）已！若茲監……自古王若茲監。（《書·梓材》）——已作"唉"解，"茲監"就是"視此"。

（9）汝多修，捍我于艱，若汝予嘉。（《書·文侯之命》）——若，則也。"汝予嘉"，就是"我嘉汝"。

（10）女（音汝）專利而不厭，予取予求，不女疵瑕也。（《左傳·僖公七年》）——即"取我求我"。

（11）松子久吾欺。（曹子建《贈白馬王彪》）——即"久欺吾"。

（12）北宮子謂西門子曰："朕與子並世也，而人子達；並族也，而人子敬；並貌也，而人子愛；並言也，而人子庸；並行也，而人子誠；並仕也，而人子貴；並農也，而人子富；並商也，而人子利。"（《列子·力命》）——"而人子達"就是"而人達汝"。

（13）是誠在我，不可以他求者也。（《孟子·滕文公上》）——"他求"即"求他"。

（14）恃己知而華予兮，鶗鴂鳴而不芳。（《後漢書·張衡傳》）——李賢注："己知，猶知己也。"

（15）陳筮曰："彼韓急，則將變而佗從，以未急，故復來爾。"

《史記·韓世家》）——"佗從"即"從他"。

（16）越石父曰："吾聞君子屈乎不己知者而伸乎己知者，吾是以請絕也。"（《呂氏春秋·觀世》）——"己知"即"知己"。

（17）惟爾大弗克祇厥辟，惟予汝辜。（《書·冏命》）——"汝辜"即"罪汝"。

（18）則予一人汝嘉。（《書·蔡仲之命》）——"汝嘉"即"嘉汝"。

（19）今命爾予翼。（《書·君牙》）——"予翼"即"輔佐我"。

（20）萬物我賴，亦何所求？（《文選·東京賦》）——薛綜注："我賴，賴我也。言萬物皆可賴帝之恩惠以得所，無復他求也。"

（21）蒙至郡。權問："誰可代卿者？"蒙對曰："陸遜意思深長，才堪負重，觀其規慮，終可大任，而未有遠名。非羽所忌，無復是過。"（《三國志·吳志·陸遜傳》）——"是過"即"過是"。

（22）天子我恤，矜我髮齒……其爭如何？夢王我弼。（《漢書·韋賢傳》）——"我恤"即"恤我"。顏師古注："弼，戾也，言夢爭王室之事，王違戾我言也。"是"我弼"即"弼我"。

（23）四方群后，"我"監"我"視……明明天子，俊德烈烈，不遂（遂，終也。）"我"遣，恤我九列。我既"茲"恤，惟夙惟夜……天子"我"監，登我三事……我既"此"登，望我舊階……司直御事，"我"熙"我"盛；群公百僚，"我"嘉"我"慶……我之"此"復，惟禄之幸。（《漢書·韋玄成傳》）——師古解"我之此復"曰："言我之得復此爵。"凡加"我"字，都是倒置的賓語。

（24）我叱我呵……雖遭斥逐，不忍子疏。（韓愈《送窮文》）——即"叱我呵我，不忍疏遠你"。

（25）或之使，莫之爲。（《莊子·則陽》）——即"或使之"。

（26）韓愈《平淮西碑》曰："度，惟予'汝'同。"《送窮文》："惟我保汝，人皆'汝'嫌。"《頌風伯》："風伯雖死兮，人誰'汝'傷？"《太傅董公行狀》：“諸戎畏我大國之‘爾’與也。莫敢校焉。”《河中府法曹張君墓誌銘》：“若爾‘吾’哀，必求夫子銘，是爾與吾不朽也。”《擇言解》：“火既‘我’災，有水而可伏其焰……水既‘我’‘患’，有土而遇其流。”“火既我災”，“水既我患”，“既”皆作“雖”解。

此上二十六例，都是代詞作賓語倒置在動詞前面。（25）、（26）兩例，是錄自《馬氏文通》。（見《馬氏文通校注》卷四，第201頁。）

**142. 且提一匕首入不測之强秦！**

注釋⑦：況且光拿一把短劍。

學海按：“秦”字下當用逗號，不當用歎號。“且”當訓“夫”，是提示之詞，不當作“況且”解。《孟子·公孫丑篇》：“且以文王之德，百年而後崩，猶未洽于天下。”《史記·陳涉世家贊》：“且天下非小弱也。”且，都是提示之詞。

**143. 終已不顧。**

注釋⑲：始終都不回頭看一眼。

學海按：“終”“已”二字連用，除此文外，又見於《戰國策·楚策》。（江乙曰：“然則且有子殺其父，臣弒其‘主’者，而王終已不知者，何也？以王好聞人之美，而惡聞人之惡也。”）和《文選·報任少卿書》（“是僕終已不得舒憤懣以曉左右”。）“終已”是同義複合詞，作“到底”解。

**144. 唯大王命之。**

注釋⑨：唯，有“希望”的意思。

學海按：“唯”作“願”解。（《左傳·僖公三十年》：“闕秦以利晉，唯君圖之。”《新序·善説篇》作“闕秦而利晉，願君圖之”。）“願欲"和"希望",意義相近。

### 145. 劍堅,故不可立拔。

注釋⑧:劍堅,劍裝得緊。

學海按:注釋的解説不够正確,因爲劍裝得緊不可只説"劍堅"。李慈銘曰:"江南本'堅'作'竪',義長。"(見《史記會註考證》引。)我以爲"堅"字非"竪"字之誤,《燕策》也作"劍堅",可以爲證。《逸周書·謚法解》:"堅,長也。"(《廣雅》也有此訓。)《莊子·逍遥遊》:"惠子謂莊子曰:'魏王貽我大瓠之種,我樹之成而實五石,以盛水漿,其堅不能自舉也。'""堅"作"長"解,就是"它長大,人不能自己把它舉起來"。堅,也作"長久"解,如《管子·任法篇》:"如天地之堅,如列星之固,如日月之明,如四時之信。"(固,久也。)上文説"劍長",此文説"劍堅",是"上下文異字同義之例"。(見《古書疑義舉例》。)"劍堅"就是"劍長",猶"爲外"就是"於外"。(《左傳·莊公元年》:"筑王姬之館於外。"爲外,禮也。)

# 第九課　漢樂府

## 陌上桑

### 146. 頭上倭墮髻。

注釋⑦：頭上梳的是鬆鬆下墜的髮髻。倭墮髻，樣子象雲朵堆迭而向下墜的髮髻。

學海按："倭墮"是疊韻連綿詞。《説文》："委，委隋也。"《詩·羔羊篇》："委蛇委蛇。"《君子偕老篇》："委委佗佗，如山如河。""委"與"倭"同，"蛇""佗""隋"都與"墮"同，全是"邪曲"的意思。"山河"的形狀是邪曲的，所以説"委委佗佗，如山如河"。此文之"倭墮髻"，就是形狀邪曲像山河一樣的髮髻。邪曲得像山河一樣是美麗的，所以《爾雅》上説："委委佗佗，美也。"《列子》："稚齒婑媠。"《方言》："媠，美也。"郭璞注："媠，言婑媠也。""婑媠""婑嫷"都與"倭墮"相同。

### 147. 脱帽著帩頭

注釋①：脱下帽子，只戴著包頭的紗巾……著，戴。

學海按："著"當作"明"解，是動詞。就是"脱去帽子明出（口語管"明出"叫做"亮出"。）帩頭來"。

## 148. 來歸相怨怒。

注釋③：回家來互相埋怨。

學海按：此"來歸"和"來歸自鎬"（《詩·六月》）之"來歸"不同義。"來歸自鎬"，是自鎬（地名）來歸。此文之"來歸"，猶言"及歸"。（"來"和"及"皆訓至。《爾雅》："來，至也。"）

## 149. 使君謝羅敷：寧可共載不？

注釋⑧：羅敷，使君問你啦！你願意跟使君一同坐車嗎？意思是問羅敷能否嫁給他。謝，告，這裏是問。

學海按："謝"作"請"解，（《左傳·成公十六年》："使子叔聲伯請季孫於晉。"《國語·魯語》作"子叔聲伯如晉謝季文子"。是"謝"與"請"同義。）"寧"作"或"解[1]，就是："使君請求羅敷，你或者可和我共同坐一輛車嗎？"注釋説："羅敷，使君問你啦！"是不合原文的意思的。又説："謝，告，這裏是問。"也是不夠妥當的。

## 150. 爲人潔白晳

學海按："爲人"（作人）下面有説形狀的，如此文"爲人潔白晳"，《史記·李將軍傳》："廣爲人長，援（同猿）臂。"有説性行的，如《史記·項羽紀》："君王爲人不忍。"《穀梁傳·僖公二年》："宮之奇之爲人也，達心而懦。"有説形狀兼性行的，如《史記·高祖紀》："高祖爲人，隆準而龍顏，美鬚髯，左股有七十二黑子；仁而愛人，喜施，意豁如也。"

---

[1]《白虎通·聖人篇》："聖人未没時，寧知其聖乎？曰：知之。"《史記·蔡澤傳》："子嘗宣言代我相秦，寧有之乎？""寧"字都與"或"同義。

# 羽林郎

**151. 貽我青銅鏡,結我紅羅裾,不惜紅羅裂,何論輕賤軀!**

注釋:⑧送給我青銅鏡子。⑨繫到我的紅色羅衣的前襟上來。這是一種拉拉扯扯調笑戲弄的行動。⑩金吾子碰著我的衣服,我都不惜扯破紅羅衣服同他抵抗;他要侵犯我的身體,當然更不行。輕賤軀,同"賤軀",同別人說話時候對自己身體的謙稱。何論,不消說。

學海按:《釋名》:"裾,倨也。倨倨然直,亦言在後常見踞也。"《方言》四郭注:"裾,衣後裾也。""裾"是"衣後襟",不可說是"前襟"。"結"作"屈曲"解。(《廣雅》:"結,曲也。結,詘也。""詘"與"屈"同。)屈曲,有兩種意義:一是擺弄著,如《離騷》:"結幽蘭而延佇。"《九歌》:"結桂枝兮延佇。"一是"拉扯"二字的諱飾語,如此文"結我紅羅裾"。"不惜紅羅裂,何論輕賤軀"二句的主語都是金吾子。"紅羅裂"是"紅羅裾裂",蒙上文省略了"裾"字。[1] 此二句與"乃不知有漢,無論魏晉"(《桃花源記》)句法同。"乃不知有漢,無論魏晉",就是"却不知道有漢代,不用說魏晉兩代了"。(意思是"更不知道有魏晉"。)"不惜紅羅裂,何論輕賤軀",就是"金吾子不惜毀壞了我的紅羅裾,何用說我的身體呢"。(意思是"更不惜毀壞我的身體"。)此二句,是胡姬對於金吾子無禮的舉動所下的誅心之論。注釋以爲"不惜紅羅裂,何論輕賤軀"的主語是胡姬,可以說是誤解。

---

[1] 古書裏關於"詞組"的蒙上省略,要是形容詞加名詞的,一般是省略名詞,而不省略形容詞。此文"不惜紅羅裂",在"紅羅"下省略"裾"字,就是省略名詞之例。他如《離騷》:"皇覽揆余初度兮。""皇"即"皇考",蒙上文省略"考"字;又如《漢書·杜周傳》:"三尺安出哉?""三尺"即"三尺法",蒙上文省略"法"字;又如《左傳·隱公元年》:"大都不過三國之一。中,五之一;小,九之一。""中"即"中都","小"即"小都",皆蒙上文省略"都"字。這都和"不惜紅羅裂"同例。

### 152. 男兒愛後婦,女子重前夫;人生有新故,貴賤不相逾

注釋⑪:人生要有新和舊的分別(意思是"不能喜新厭舊"),他貴他的,我賤我的,彼此不相干犯。逾,越過。

學海按:"男兒愛後婦",是"女子重前夫"的對襯語。胡姬説這兩句話,是只取下一句的意義。言外是"男兒愛後婦"是不應當的,(應當的是"糟糠之妻不下堂"。)"女子重前夫"是應當的。"人生有新舊,貴賤不相逾",是承"女子重前夫"而言。"舊"謂前夫,"新"謂後夫,"前夫""後夫"是人生所有的,是貴賤不相逾越的;也就是説,不能因爲貴而變新爲故,不能因爲賤而變故爲新。女子所重的是前夫,不是貴人;是"故",不是"新"。金吾子只有"貴"和"新"的資格,胡姬怎能重視他呢! 所以下面説,"多謝金吾子,私愛徒區區"。注釋解"人生有新故"句説,"意思是不能喜新厭舊",既有附會之嫌;而解"貴賤不相逾"句説,"他貴他的,我賤我的,彼此不相干犯",又誤以"賤"是指胡姬自己,而與上句的意義不相連貫。因此我不同意這種説法。


# 孔雀東南飛


### 153. 妾不堪驅使,徒留無所施

注釋⑧:我既擔當不了你家使喚,白白地留著也沒有什麼事可作。

學海按:注釋解"施"爲"作",是不够妥當的。"施"當作"用"解。[1] 不説"無所用",而説"無所施",是爲叶韻的緣故。(此文

---

〔1〕《淮南子・原道篇》:"施之無窮。"高注:"施,用也。"《荀子・臣道篇》:"爪牙之士施,則仇讐不作。"《漢書・蕭望之傳》:"時丞相魏相,御史大夫丙吉亦以爲羌虜且破,轉輸略足相給,遂不施敞(張敞)議。""施"都當作"用"解。(注轉下頁)

以“遲”“爲”“施”“歸”四字爲韻。）


**154. 及時相遣歸，會不相從許，還必相迎取，誓天不相負，登即相許和，躡履相逢迎。誓不相隔卿。**

學海按：這七個“相”字，都是用在動詞上面的助詞，沒有什麼意義。有人説，這種用法的“相”字是指示代詞，是其下面動詞的賓語。（“及時相遣歸”，就是及時遣歸我。）這不是四通八達的説法。試看“誓不相隔卿”一句，“卿”是“隔”的賓語，則“相”字非賓語可知。毛主席説：“我們應當相信群衆，我們應當相信黨，這是兩條根本的原理。”（見《關於農業合作化問題》。）“相信”下也都有賓語，則“相”字之非賓語更可知。“相”字的這種用法，在漢語史上是很古的，如《書‧盤庚篇》：“女（汝）分猷念以相從。”（“分”字在《今文尚書》作“比”字。“比”是本字，比，皆也。“分”是“比”的借字。）就是例證。《史記‧張耳陳餘傳》：“今王與耳旦暮且死，而公擁兵數萬，不肯相救！”《戰國策‧魏策》：“魏王曰：‘誒！’（誒，歎聲。今本‘誒’譌作‘誤’，此從王引之説改正。）有是心也，何不相告也！”“相”字也都是在動詞上面的助詞。


**155. 堂上啓阿母**

學海按：“堂上”就是“於堂上”。“堂上”是地位副詞。在地位副詞上面省略介詞“於”字是古漢語的通例。如《孟子‧公孫丑篇》：“充虞路問。”《論語‧鄉黨篇》：“朝與士大夫言。”（“路”和“朝”的上面都省略“於”字。有不省略“於”字者，如《漢書‧丙吉

---

（續上頁注）《世説新語‧言語篇》：“高世遠時亦（亦，與也。）鄰居，語孫（孫綽）曰：‘松樹子非不楚楚可憐，但永無棟樑用耳。孫曰：‘楓柳雖合抱，亦何所施？’”“施”和“用”是互文。

傳》："宰相不親小事,非所當於道路問也。")都是例證。聞一多先生謂"堂上啓阿母"本作"上堂啓阿母",今本作"堂上"是誤倒。我不同意這種說法。("堂上啓阿母"和"松下問童子"句法同。"松下"非誤倒,則"堂上"之非誤倒可知。)


### 156. 兒已薄祿相,幸復得此婦。

學海按:"復"作"反"解。"幸復得此婦"就是"幸而倒得到這個媳婦"。此"復"字和"何言復來還"的"復"字意義不同。復來還,等於再來還。


### 157. 女行無偏斜,何意致不厚?

注釋②:這個女子的行爲並没有什麼不正當,哪裏想到會(使母親)不滿意呢? 偏斜,不端正。何意,豈料。致,使。

學海按:注釋訓"致"爲"使",訓"不厚"爲"不滿意",都不妥當。"致"字與"致殷勤之意"(《通鑑·赤壁之戰》)之"致"字同義。"致殷勤之意"就是"以殷勤之意致之"。(致之,就是給與劉備。)此文"何意致不厚"也就是:"阿母何意以不厚致之!"(阿母是此句的主語。承上省略。)等於說:"您什麼心意拿薄情給與她?"(她,謂"女行無偏斜"之"女",就是蘭芝。)下文"新婦謂府吏,何意出此言",也是在"何意"上面省略主語"府吏"二字,等於說:"您什麼心意說出這種話來!"注釋解"何意"爲"哪裏料到"也可以,但這種解法,當說成"何意阿母致不厚",(就是:"哪裏料到您給與薄情於她!")把"阿母"添在"何意"下面,("何意出此言"句,若解"何意"爲"哪裏料到",就也當說成:"何意府吏出此言!"譯成現代漢語,就是:"哪裏料到您說出這種話來!")而不當說成"何意致阿母不厚",把"阿母"添在"致"字下面。所以我說注釋的解說不妥當。

### 158. 何乃太區區?

學海按:"何乃"作"何爲"(爲,讀去聲)解。[1]"何乃太區區",就是你爲什麼太愛她呢?(《廣雅》:"區區,愛也。")下文"感君區區懷",就是感激您愛我的心。《漢樂府·羽林郎》:"多謝金吾子,("多謝"就是鄭重地告訴。《說文》:"多,重也。"《漢書·灌夫傳》:"士亦以此多之。"顏注亦訓"多"爲"重"。)私愛徒區區。"就是你心裏對我的喜愛是白喜愛。

### 159. 伏惟啓阿母

注釋⑨:伏惟,下對上級或小輩對長輩說話的時候表示恭敬。

學海按:表示恭敬的詞是(伏)字,(惟)字不在其內。"伏"是"卑下"的意思,"惟"作"思"解。"伏惟啓阿母",就是我想稟告母親。李密《陳情表》:"伏惟聖朝以孝治天下。"就是我想聖朝用孝道治理天下。在此句裏,"聖朝以孝治天下"七字是"惟"字的賓語。若認爲"伏惟"二字都是表示恭敬,就在語法上講不通了。"伏惟"也可以說成"伏自惟念",(《漢書·馬宮傳》:"伏自惟念,入稱四輔,出備三共。")更可證明"伏""惟"二字不是一個詞。

### 160. 小子無所畏,何敢助婦語!

學海按:課本在"畏"下用逗號,是不正確的,當在"畏"下用問號。"小子無所畏,何敢助婦語",就是:"你小子沒有怕的事嗎?要是有,你怎敢幫助你妻子說話!"爲什麼"畏"字下當用問號呢?就因爲在"畏"字下省略了"乎"字。(下文"進止敢自專"的"專"字下也是省略了"乎"字。課本在"專"字下用問號,是正確的。)《左

---

[1]《史記·平原君朱建傳》:"辟陽侯曰:'平原君母死,何乃賀我乎?'"《蒙恬傳贊》:"此其兄弟(蒙恬、蒙毅)遇誅,不亦宜乎?何乃罪地脉哉?""何乃"都和"何爲"同義。

傳・僖公四年》:"貢之不入,寡君之罪也,敢不共給?"《史記・齊
世家》作:"敢不共乎?"就是省略"乎"字的例證。

### 161. 我自不驅卿,逼迫有阿母。

學海按:"自"作"雖"解[1],"逼迫有阿母"當作"有阿母逼
迫"解。所以把"逼迫"二字提到前面,是因爲叶韻的緣故。("母"
字與"府取語"三字爲韻。)詩歌裏常有爲叶韻而倒其文的例子,如
《詩・桑柔篇》:"大風有隧,有空大谷。"當作"大谷有空"解。所以
把"有空"提到前面,是因爲"谷"字與下面"穀""垢"二字爲韻的
緣故。

### 162. 卿但暫還家,吾今且報府。

注釋①:報府——赴府。

學海按:當説"報"同"赴"。(此"報府"與後文"吾今且赴府"
之"赴府"同。"赴"是本字,"報"是借字。《禮記・少儀篇》:"毋報
往。"鄭注云:"報,讀爲'赴疾'之'赴'。"就是借"報"爲"赴"的
證據。)

### 163. 以此下心意

注釋③:爲了這個,你就受些委屈吧。下心意,有耐心受委屈
的意思。

學海按:"下心意"就是"降心",(《左傳・僖公二十八年》:"使
皆降心以相從也。")全句可譯作"拿我這些話降低了你的心意"。
(意思是讓她降低了心意聽從自己。)注釋解"下心意"爲"耐心受

---

[1] 自,雖也。如《史記・律書》:"自含血戴角之獸,見犯則校,而況於人懷好惡喜
怒之氣!"《漢書・景十三王傳》:"自凡人猶繫於習俗,而況哀公之倫乎!"都是
例證。説詳《詞詮》。

委屈”,雖大致不差,然對於原文還不够十分切合。

### 164. 謂言無罪過,供養卒大恩

注釋:⑩謂言——總以爲。⑪供養卒大恩——終生侍奉公婆,報答他們的大恩。

學海按:注釋解“謂言”和“供養卒大恩”都不正確。“謂言無罪過,供養卒大恩”,是對偶句。意思是“語言無失,供養周到”。“謂言”就是談話,“無罪過”就是没有錯誤。卒同“倅”,副也。〔1〕“副”與“稱”同義。(《漢書·禮樂志》:“正人足以副其誠。”顏注:“副,稱也。”《列女傳·母儀篇·齊田稷母傳》:“言行若一,情貌相副。”相副就是相稱。)“供養卒大恩”就是“供養副大恩”,也就是“自己對於公婆的供養與公婆所施的大恩相稱”。《左傳·襄公二十七年》:“趙孟曰:‘七子從君以寵武也,請皆賦以卒君貺。’”卒,副也,稱也,就是請你們都賦詩以稱你們君主的賜與。注釋謂“終生侍奉公婆,報答他們的大恩”是不合邏輯的,因爲蘭芝出嫁纔三年,够不上“終生侍奉公婆”。要説是她希望如此,文中又没有作“希望”解的字面;何況解“卒”字爲“終生”,則“供養終生大恩”更不成話呢! 我所以説注釋的解説是不正確的。

### 165. 著我绣袄裙,事事四五通。

注釋②:每穿戴一件衣飾,經過四五次更换。通,遍。

學海按:上文只説“著绣袄裙”,則“事事”當和“卿大夫已下吏

---

〔1〕《禮記·燕義篇》:“庶子官職諸侯卿大夫士之庶子之卒。”鄭注:“卒,讀爲倅。諸子副代父者也。”陸氏《釋文》:“卒,依注音倅,七對反,又蒼忽反,副也。”《周禮》“倅,諸子”:“掌國子之倅。”鄭注:“故書‘倅’爲‘卒’。”司農云:“卒,讀如‘副倅’之‘倅’。”“戎僕”:“掌王倅車之政。”鄭注“倅”:“倅,副也。”《墨子·魯問篇》:“今有刀於此,試之人頭,倅然斷之。”畢沅云:“‘卒’字異文作‘倅’,讀如倉猝。”這都是“卒”“倅”通用的證據。

及賓客見參不事事"(《史記·曹參世家》)之"事事"同義。(上
"事"字是動詞,下"事"字是名詞。)"事事四五通",就是"作這一件
事(指著綉裌裙)就費了四五次手(經過四五次更換)"。

### 166. 腰若流紈素,耳著明月璫

注釋④:腰身裊娜,穿著白綢子衣裙,象流水一樣閃動發
光……紈素,潔白的綢子。流,是説紈素的光象水流動。

學海按:"若"字不當作"像"解,當與"著"字的意義相類。"流
紈素"三字是一個名詞。"若"同"惹"。(《廣韻·馬韻》:若、惹,皆
人者切。)《增韻》:"惹,引著也。""腰惹流紈素",就是腰間引著(就
是繫著、掛著)用流紈素製的裙帶。

### 167. 今日還家去,念母勞家裏

注釋⑧:記掛婆婆一人在家裏操勞。

學海按:注釋解"勞家裏"三字未得作者的語意。"念母勞家
裏"是客氣話。"勞"字與"數日不見,思子爲勞"(見曹子建《與楊
德祖書》)之"勞"同義。"勞"字下省略了"於"字。譯成現代漢語,
就是"我在家(娘家)裏對婆母想念得至於勞累"。

### 168. 隱隱何甸甸

注釋①:隱隱,甸甸,都是車聲。

聞一多先生謂"隱隱何甸甸"之"何"字與"啊"同,是語助詞。
學海按:語助詞之"啊",古時寫作"猗",(如《詩·伐檀篇》:"河水
清且直猗!")是聞先生謂"何"同"啊",就是謂"何"同"猗"。我同
意"何"同"猗",但不同意作語助詞解,而以爲當訓"加"。(《詩·
巷伯》:"猗於畝丘。"毛傳:"猗,加也。")"隱隱何甸甸"和"潁潁何
煌煌"(《漢樂府·雞鳴》)、"敕敕何力力,女子臨窗織"(《北朝樂

府·折楊柳枝歌》)都是××加××。"隱隱何甸甸"和"諾諾復爾爾"(見後文)句式同,"敕敕何力力"和"唧唧復唧唧"(見《木蘭詩》)句法同,意義也一樣。(敕敕、力力、唧唧,都是織布聲。)"何"作"加"解,就與"復"字的意義略同;"何"作"啊"解,就與"復"字的意義迥異。所以我不同意聞先生的説法。古讀"猗"若"阿",與"何"音近,故"猗""阿""何"三字通用。《詩·節南山篇》:"節彼南山,有實其猗。"(實,廣大貌。)"猗"是"阿"之借字。(《楚辭·九歌》:"若有人兮山之阿。"王注:"阿,曲隅也。"《漢外黄令高彪碑》"稽功猗衡"與《詩·商頌》"笑維阿衡"之"阿衡"同,《詩·隰桑篇》"隰桑有阿,其葉有難"與《菉楚篇》"猗難其枝"之"猗難"同。這都是"猗""阿"通用的例證。)《楚辭·天問》:"比干何逆? 而抑沈之;雷開阿順? 而賜封之。""阿"是"何"之借字,(王逸注云:"一云'雷開何順'。"按作"何"者是本字,作"阿"者是借字。)"猗""阿""何"三字既通用,所以"何"可同"猗",作"加"解。又按:"猗"訓"加",是"何"之借字。(《説文》:"猗,犗犬也。")《説文》:"佗,負何也。"(《説文》:"何,儋也。"儋即"擔"字。"負荷"之"荷"是"何"之借字。"何"訓"擔"今讀上聲,古讀平聲。)"佗""負"皆訓加,(《詩·小弁篇》:"舍彼有罪,予之佗矣。"毛傳:"佗,加也。"《漢書·英布傳》:"天下負之以不義之名。"顏注:"負,加也。")所以"何"也訓"加"。

### 169. 君既若見録

注釋:既然蒙你記著我。録,記。

學海按:注釋解"見"爲"蒙",不妥當。"見"當作"加"解。下文"府吏見丁寧",注釋説:"見丁寧——再三加以囑咐。"以"加以"解"見"字是正確的。"君既若見録",就是"您既然(若,然也。)對我加親善。"(《廣雅》:"禄,善也。"通作"録"。《鹽鐵論·未通篇》:"録民數創於惡吏。"録民就是"善民"。《漢書·外戚傳》:"今檢我毀壞,顏色非故,必畏惡吐棄我,意尚肯復追思,閔録其兄弟哉!"
意同抑,而也。閔同愍,愛也。閔録,就是憐愛至善。)"見"作"被"
解,最常見。(如《孟子·盡心下》:"盆成括見殺。")而作"加"字用
的地方有些例子。韓愈《進學解》:"然而聖主不加誅,宰臣不見
斥。""見"和"加"是互文,就是"見"作"加"解之明證。現在再舉八
個例子於下:

(1) 雖然,勝民之爲道,非天下之大道也,使民畏公而不見
親。(《管子·小問》)

(2) 遍報諸所嘗見德者。(《史記·蘇秦傳》)

(3) 先生又見客……乃今日見教。(《漢書·司馬相如
傳》)——"又見客"就是又加客我。("客我"是以我爲客)

(4) 上之皇天見譴,下之黎庶怨恨,次有諫争之臣。(《漢
書·鮑宣傳》)

(5) 莽(王莽)長子宇非莽鬲(同"隔")絶衛氏,恐帝長大後見
怨,宇與吴章謀,夜以血塗莽門。(《漢書·雲敞傳》)

(6) 卓(董卓)又使布守中閣而私與傅婢情通,益不自安,因
往見(此"見"字不訓"加")司徒土允,而承卓幾見殺之狀。(《後漢
書·吕布傳》)

(7) 登(陳登)曰:"若使君不見聽許,登亦未敢聽君也。"(《三
國志·蜀志·先主傳》)

(8) 郎誠見完與恩。(柳宗元《童區寄傳》)


**170. 恐不任我意,逆以煎我懷。**
注釋⑦:會做些違背我意思的事,使我心裏痛苦。逆,違背。
學海按:注釋解"逆"爲"違背",而把"違背"二字用在上句裏,
是與語序不合的。"恐不任我意",就是恐怕不隨著我的心意。
"逆以煎我懷",就是"以横逆熬煎我的心"。爲什麼把"逆以"解成

"以橫逆"呢？就因爲介詞（"以"字是介詞）的賓語，在古漢語裏常倒置在上面。如《孟子・離婁篇》："夜以繼日。"就是"以夜繼日"。（《呂氏春秋・先識覽》："以夜繼日。"）《論語・陽貨篇》："君子義以爲質。"就是君子以義爲質。（《說苑・君道篇》："君子以忠爲質。"）

### 171. 舉手長勞勞

注釋⑧：舉手告別，惆悵不止。勞勞，悵惘若失的狀態。

學海按："勞"皆讀去聲。"長勞勞"就是良久地慰勞。

### 172. 十七遣汝嫁，謂言無誓違。

注釋⑪：總以爲你不會有什麼過失。誓，似應作"愆"。愆，古"愆"字。愆違，過失。

學海按："謂言"就是"談話"，不當作"總以爲"解。注釋認爲"誓"是"愆"之誤字，我不同意。因爲改作"謂言無愆違"，則與上文"謂言無罪過"的意義相同；其實這兩句的意義是迥異的。"謂言無誓違"是承上文"十七遣汝嫁"而言，是有專言之事的。因此我以爲"無""誓"二字是誤倒，本作"謂言誓無違"。"無違"即"無違夫子"（"無"同"毋"）。不言"夫子"者，是暗用"無違夫子"之文而省略，（《孟子・滕文公篇》："女子之嫁也，母命之。往送之門，戒之曰：'往之汝家，必敬必戒，無違夫子！'"）"十七遣汝嫁，謂言誓無違"，就是在你十七歲時我使你出嫁，我的談話是教敕（誓訓教敕，見《詩・緇衣篇》疏。）你別違背丈夫。

### 173. 恐此事非奇

注釋⑤：非奇，不宜。

學海按："奇"字沒有"宜"字的意義。"奇"同"琦"。（《公羊傳‧文公十二年》注:“奇巧,異端也。”《釋文》:“奇,一作‘琦’。”)
“琦”作“美”解,(《玉篇》:“琦,瑋也。”《文選‧吳都賦》:“瑋其區
域。”李善注:“瑋,美也。”)“非琦”就是“不美”。

### 174. 始適還家門

注釋⑦:剛出嫁不久就被休回娘家。適,出嫁。

學海按:“適”作“出嫁”解,在此處是不合邏輯的。蘭芝出嫁
已三年,不可說是始嫁;再說,“始適”作“始嫁”解,與“還家門”的
意義也不連貫。“適”音“謫”,譴也。“始適還家門”,就是“方才被
譴還家門”。《史記‧賈誼傳》:“又以適去。”(韋昭曰:“謫,譴
也。”)就是又因爲被譴而去。古漢語裏“施受同詞”。謂“被謫”只
曰“謫”,猶謂被弒只曰弒,(《國語‧晉語六》:“三月,厲公弒。”)被
用只曰用,(《孟子‧公孫丑篇》:“蚳鼃諫於王而不用。”)被擒只曰
禽。(《漢書‧韓信傳》:“向使成安君聽子計,僕亦禽矣。”)古謂
“被”曰“見”。《詩‧氓篇》:“至於暴矣。”鄭箋解“暴”字爲“見酷
暴”。我解此文“始適”爲“始被謫”,就是本於鄭氏的解釋法。

### 175. 幸可廣問訊,不得便相許。媒人去數日,尋遣丞請還,說有蘭家女,承籍有宦官

注釋⑩:媒人去數日……承籍有宦官——這裏可能有文字脫
漏或錯誤,因此這四句沒法解釋清楚。

學海按:自“媒人去數日”至“承籍有宦官”四句,只有錯亂而
沒有脫漏。“女”字本在“還”上,也就是本作“媒人去數日,尋遣丞
請女;還說有蘭家,承籍有宦官”。“女”字與“不得便相許”之“許”
字協韻。“還說”就是“復說”,也就是“又說”。此四句可譯作“媒
人走了不久,府君(此府君姓蘭。)尋找並且派遣縣丞來聘蘭芝
(請,求也。就是聘的客氣話。)又說有老蘭家,輩輩(承籍是相繼

承著在官籍。)有作官的人"。此四句,因"女"字錯亂在"蘭家"下,遂致文理不通,並且也不協韻了。(所謂不協韻,就是没有與"許"字協韻之字。"請還"的"還"字與"宦官"之"官"字協韻,則"蘭家女"之"女"字就不得與"許"字協韻,因爲"説有蘭家女"已成了不入韻的句子。)

### 176. 不嫁義郎體,其往欲何云?

注釋③:這樣仁義的人都不嫁,往後(你)打算怎麽樣呢? 義郎,仁義的人,指太守的兒子。往,往後,將來。

學海按:此二句的主語是"汝"字,就是"汝不嫁……欲何云",不説出"汝"字,是承上文而省略。"其往"就是"其後"(《國語・晉語》:"自今以往。"就是"自今以後"。《史記・刺客傳》:"其後,秦日出兵山東。")"欲何云"的"云"字作"爲"解。"欲何爲"就是"想做什麽",不説"欲何爲",而説"欲何云",是古書裏"變文協韻之例"(見《古書疑義舉例》)。"云"訓"爲",見《詞詮》。《詞詮》裏引了三個例句:(一)《漢書・嚴安傳》:"政教文質者,所以云救也。"(二)《漢封甘延壽詔》:"所以優游而不征者,重勤師衆,勞將率,故隱忍而未有所云也。"(三)《後漢書・袁術傳》:"雖云匹夫,霸王可也。"學海按:《鹽鐵論・周秦篇》:"御史曰:'春秋罪人無名號,謂之云盗,所以賤刑人而絶之人倫也。'""云盗"就是"爲盗"。《漢書・東方朔傳》:"謂之爲蛇又無足。"可爲比例。

### 177. 處分適兄意

注釋⑤:適,適合,依照。

學海按:《後漢書・荀爽傳》注:"適,猶從也。"此文"適兄意"即"從兄意"。

### 178. 雖與府吏要,渠會永無緣

注釋:⑥要,約。⑦同他(指府吏)永遠沒有機會見面了。渠,他。

學海按:"渠"字在此處不當作"他"字解。就語法説,"會他"不可説成"渠會";就邏輯説,此處不是決定口氣,因爲蘭芝不是不想著和仲卿再聚會,而是恐怕不能够再聚會。因此我以爲"渠"同"遽"。《廣雅》:"遽,俱也。""遽會永無緣",就是恐怕聚會是永久沒有緣分。這樣解釋,既合邏輯,又合語法,且與上句有開合關係。(上句用"雖"字,在用筆上是開,下句用"渠"字作"恐怕"解,在用筆上是合。)顏師古《匡謬正俗》卷一説:"遽與渠同。"《史記‧陸賈傳》:"何渠不若漢!"《漢書》作"何遽不若漢"。(何渠、何遽,都與"何詎"同。)就是"渠""遽"通用的例證。《楚辭‧九章》:"衆駭遽以離心兮。"《大招》:"魂兮歸來。不遽惕只。"《列子‧説符篇》:"人有枯梧樹者,其鄰父言枯梧之樹不祥,其人遽而伐之。"此三"遽"字都作"俱"解。借"渠"爲"遽",有當作"疾"(速)字解者,如《管子‧地數篇》:"夫水激而流渠,令疾而物重。"

### 179. 諾諾復爾爾

注釋⑩:諾諾,是是。爾爾,如此如此。

學海按:"諾諾"和"爾爾"都是答應的聲音。"爾爾"就是"唯唯"。("爾"和"唯"是疊韻字,都在古韻"微"部)《左傳‧昭公二十年》杜注曰:"唯,應辭,猶喏也。"盧文弨謂:"喏從爾聲,當讀如古詩'諾諾復爾爾'之'爾'。"(見《經典釋文‧春秋左氏音義五》考證)。這就是"爾爾"和"唯唯"同義的證據。(《廣韻‧馬韻》:"喏,音惹。""惹"是"爾"的轉音。)

### 180. 交廣市鮭珍

注釋⑥：到交州廣州去採辦山珍海味……交廣，也有人解釋爲"交互廣泛地"。

學海按：解"交廣"爲"交互廣泛地"，固然是誤；而解"交廣市鮭珍"爲"到交州廣州去採辦山珍海味"也不正確。當解爲"從交州廣州採辦來的珍貴的海味"。此句是一個"定語"，並不是"動賓短語"（"交廣"二字是副詞）。不然，在這個當兒，再"派人到交州廣州去採辦山珍海味"還來得及嗎？

### 181. 鬱鬱登郡門

注釋⑧：熱熱鬧鬧地到了太守府。鬱鬱，繁盛的樣子。郡門，指太守府。

學海按：注釋的解說是錯誤的。"從人四五百，鬱鬱登郡門"，是說太守的兒子去迎娶蘭芝，有四五百個陪駕的人從太守府裏出來，繁多而隆盛地向郡門進行。（郡門就是城門。太守府在城裏。從這裏到城外的村子迎娶蘭芝，必須經過郡門。）"登郡門"之"登"和"天明登前途"（杜甫《石壕吏》）之"登"同義。"登前途"就是向前途進行。（《說文》："登，進也。"）注釋以爲從人四五百是向太守府裏去，所以，謂"郡門"爲太守府。殊不知太守府不可以稱郡門；再說，"從人四五百"到了太守府，那還是迎娶蘭芝以前的事，哪裏用得著上文所說的舫、幡、車馬、金錢、雜采、鮭珍呢！所以我認爲注釋的解說是錯誤的。

### 182. 手巾掩口啼

學海按：《廣雅》："手，持也。"《公羊傳·莊公二十三年》："莊公升壇，曹子手劍而從之。"手劍就是持劍。

### 183. 以我應他人,君還何所望

學海按:"還"與"如僕尚何言哉,尚何言哉"(司馬遷《報任安書》)之"尚"字同義。現代漢語謂"尚"曰"還",考其最早的出處,可以説,就是此文的"還"字。

### 184. 可以卒千年

注釋④:卒——終,一直到。

學海按:《爾雅》:"卒,盡也。""盡"與"退而甘食其土之有以盡吾齒"(《捕蛇者説》)之"盡"字同義。

### 185. 蒲葦一時紉,便作旦夕間

注釋⑤:就只能保持很短的時間。

學海按:"作"字作"保持"解,没有證據。"便作旦夕間"就是"只在旦夕間"。"作"和下文"便復在旦夕"之"在",字異義同。"作"字爲什麽可作"在"字解呢?因爲"作"與"徂"古同音,《爾雅》:"徂,存也。"存就是在。此文是借"作"爲"徂"。"作"從"乍"聲,"徂"從"且"聲。"乍""且"古同音,"作""徂"古也同音。古文"俎"作"岨",(見《説文》。)"作"與"詛"通用,(《詩·蕩篇》:"侯作侯祝。"《釋文》:"作,本或作詛。"按"祝"今作"咒"。)"且"音同"酢",(見《吕氏春秋·貴生篇》"以土且治天下"高注。)"乍""助"同音,(《釋名》:"助,乍也。")"租斂"也寫作"作斂"。(《淮南子·主術》:"人主租斂於民。"《墨子·辭過篇》:"厚作斂於百姓。")"租"訓"爲"。(見《詩·鴟鴞篇》"予所蓄租"毛傳。)即"作"之借字。以上各例,都是"作""徂"古同音的證據。

### 186. 兒今日冥冥,令母在後單。

注釋⑪:你的兒子從今將不久於人世。日冥冥,原意是日暮,

這裏拿太陽下山來比生命的終結。

　　學海按：注釋的解説近於附會，因爲没有稱"日暮"爲"日冥冥"的。"今""日"二字當連讀，就是"今天"。"兒今日冥冥令母在後單"十字，雖然可在"冥冥"下用一個逗號，然而實在是一句話。"冥冥"作"精默專誠"解，(見《荀子‧勸學篇》"是故無冥冥之志者無昭昭之明"楊注。)就是你的兒子今天精默專誠地使你(指母親)在以後孤單。詩歌中兩句實爲一句的，常有其例，如"爰及姜女，聿來胥宇"(《詩‧篤公劉》)，"樹之榛栗，椅桐梓漆"(《詩‧定之方中》)，都可爲證。

### 187. 故作不良計，勿復怨鬼神！

　　學海按：此"勿復"與"勿復重紛紜"(見上文)之"勿復"不同義。"勿復重紛紜"之"復"作"再"解，就是"您不要再多説"。此文之"復"作"反"解，就是："我特意地作了不好的計劃，(即自殺的計劃。)您不要反而怨恨鬼神。"("勿復"上省略了主語"母"字。)意思是"您應當怨恨人，不應當怨恨鬼神"。

### 188. 命如南山石，四體康且直！

　　注釋⑭：(願您的)壽命象南山的石頭一樣久長，(願您的)身體永遠康强。四體，這裏指身體。直，意思是腰板兒硬。

　　學海按：余冠英先生説："命，令也。'命如'二句是説將使自己的四體安康而僵直，如南山之石。"(見《樂府詩選》注。)較注釋之解爲妥當。但余先生之説尚有未盡之處。此文本作"四體康且直，命如南山石"，譯成現代漢語，就是"胳膊和腿安而且直，讓他們象南山的石頭一樣"。此兩句是説自己死後之狀態。今本作"命如南山石，四體康且直"是後人不知"命"作"令"解而妄改。原本作"四體康且直，命如南山石"，"石"字與下面的"落""閣""薄"

"郭""夕"五字協韻。("石""落""閣""薄""郭""夕"六字都在古韻
"鐸"部)若如今本就不協韻了。("直"字在古韻德部,不與"落"
"閣"等字爲韻。)所以知其爲後人所改。

### 189. 零淚應聲落

學海按:"零"作"落"解,就與下面的"落"字意義重複。詩人
的語意決不如此。"零"同"令"(零、令同音)。令,致也。就是"致
淚應聲落"。《韓詩外傳》九:"今汝往燕私之處,入戶不有聲,令人
踞而視之,是汝之無禮也,非婦無禮也。"(此是孟母向孟子説的
話。)"令"字與"致"字同義。

### 190. 慎勿爲婦死,貴賤情何薄!

注釋②:(你和她)貴賤不同(離開了她)哪裏就算薄情呢?
貴,指仲卿。賤,指蘭芝。

學海按:注釋的解説添字太多,是不夠妥當的。此文有作"貴
賤情可薄"的本子,由此可知"何"是"可"的借字。"貴賤情何薄"
之"貴"字下,省略了介詞"於"字。把"於"字添出來,就是"貴於情
可薄",也就是"你(指仲卿)對於她(指蘭芝)情誼是可以薄的"。
《墨子·非儒篇》:"夫爲子弟後生其師,必修其言,法其行,力不
足,力不及而後已。""後生"下省略"於"字,當作"爲子弟後生於其
師"解,與此文"貴"下省略"於"字同例。"何""可"二字古通用,如
《左傳·襄公十年》:"下而無直,則何謂正矣?"《釋文》:"何,或作
'可'。"《昭公八年》:"若何弔也。"《釋文》:"何,本或作'可'。"《史
記·陸賈傳》:"何乃比於漢?"《説苑·奉使篇》作"可乃比於漢"。
都可爲證。《石鼓文》:"其魚佳可?"("佳"是"維"的借字)《齊策》:
"可往矣?宗廟亡矣。"《韓策》:"夫爲人臣者,言可必用?盡忠而
已矣。"都是借"可"爲"何"。《韓詩外傳》二:"子反曰:區區之宋,

猶有不欺之臣，何以楚國而無乎？吾是以告之也。"（《公羊傳·宣公十五年》"何"作"可"。）《左傳·昭公八年》："若何弔也，其非唯我賀，將天下實賀。"《孟子·公孫丑篇》："何事非君，何使非民。"都是借"何"爲"可"。

### 191. 窈窕艷城郭

注釋③：（她的）美麗在這城內外是出名的。郭，外城。

學海按：此句當譯作"她的窈窕比全城全郭裏的婦女都美麗"。"絕"下省略"於"字，"於"字有"比"字的意義，如"苛政猛於虎"就是"苛政比虎猛"。此種句式，在散文裏可以省略"於"字，如"人情莫親父母，莫樂夫婦"（《漢書·賈捐之傳》）。在韻文裏也是如此，所以此文作"窈窕艷城郭"。

### 192. 作計乃爾立

注釋④：（自殺的）主意就這樣打定了。

學海按：當譯爲："作的計劃是（乃，是。）如此（爾，如此。）堅定。"古謂"定"曰"立"。《管子·七法解》："不明於則（法則）而欲出號令，猶立朝夕於運均之上。"（"均"同"鈞"，是陶者之輪。）"立朝夕"就是定朝夕。《詩·周頌》："立我烝民。"就是"定我衆民"。"立"也寫作"粒"，《書·益稷篇》："烝民乃粒。"《史記·夏本紀》作"衆民乃定"。可證"立"與"定"同義。

# 附《廉頗藺相如傳》析疑數則

初中《文學》課本第三册第二課是"廉頗藺相如列傳的譯文"。譯文的大致雖甚佳,但和原文不相符合的地方也有幾處。現在把它和原文列在下面並附鄙見於後。

### 193. 原文：君何以知燕王？……以此知之

譯文：您怎麼知道燕王可以依靠呢？……因此知道他們可以依靠。

學海按：譯"知"字爲"知道",就必須在下面添上"可以依靠"四字,不然,則語意不完整。我以爲"知"作"接"解。(《墨子·經篇》："知,接也。"《莊子·庚桑楚篇》："知者接也。")古人謂"交接"曰"知",謂"接觸"亦曰"知"。此文之二"知"字都是"交接"。"君何以知燕王……以此知之",就是"您拿什麼交接了燕王？……拿這個交接了他"。"知"作"交"解者,在《史記》裏還有一個例子,如《平原君朱建傳》："陸賈曰：'前曰君侯(是稱辟陽侯爲君侯)欲知平原君,平原君義不知君,以其母故。'"二"知"字都與"交接"同義。此外如《左傳·昭公二十八年》："叔向一見羊舌鮒,遂如故知。""故知"就是"舊交"。《楚辭·九歌》："樂莫樂兮新相知。"就是新相交。《韓非子·内儲説下·六微篇》："荆王使人之秦,秦王甚禮之。王曰：'敵國有賢者,國之憂也。今荆王之使者甚賢,寡人患之。'群臣諫曰：'以王之賢聖與國之資厚,願荆王之賢人,王何不深知之而陰有之？荊以爲外用也，則必誅之。’”“深知之而陰有之”者，有，愛也，（說詳《經義述聞・通說上》。）就是“深交之而陰愛之”。“知”作“接觸”解者，如《禮記・樂記篇》：“感於物而動，性之欲也。物至知知，然後好惡形焉。”王念孫曰：“上‘知’字即下文‘知誘於外’之‘知’，下‘知’字當訓爲‘接’，言物至而知與之接也。”（見《經義述聞・禮記》。）又如《孟子・梁惠王下》：“王無親臣矣，（親借爲“新”。）昔者所進，今日不知，其亡也。”就是“今日不接，（即今日接觸不到。）他逃亡了”。（舊注以“今日不知其亡也”七字爲句，不妥當。）《論語・公冶篇》：“子在陳曰：‘歸與！歸與！吾黨之小子狂簡，斐然成章。不知，所以裁之！’”“不知”就是“我不接觸他們”，“所以”作“何以”解，（《國語・魯語》：“曹劌問所以戰於莊公。”《左傳・莊公十年》作“問何以戰”。《漢書・武五子傳》：“問帝崩，所病？”師古注：“問所病而崩。”）就是“何以裁之”（拿什麼裁成他們）。

### 194. 原文：願結友

譯文：願意跟您交個朋友。

王念孫曰：“友，‘交’之誤。《文選・恨賦》注、《御覽・治道部》引並作‘交’。”（見《讀書雜誌》。）學海按：後人引《史記》多以意改，“友”字不誤。“願結友”就是願結交。“友”作“交”解，是古書的常例。如《論語・學而篇》：“無友不如己者。”《列女傳・節義篇・晉圉懷嬴傳》：“六年，圉將逃歸，謂嬴氏曰：‘吾去國數年，子父之接忘，而秦晉之友，不加親也。’”

### 195. 原文：均之二策

譯文：兩下一比較。

學海按：“均”同“鈞”。（《詩・節南山篇》：“秉國之均。”《漢

書·律曆志》引作"秉國之鈞"。)鈞,銓也。(見《呂氏春秋·仲春
紀》"鈞衡石"高誘注。)"之"作"此"解。(《詩·桃夭》:"之子於
歸。""之子"就是此女。)"鈞之二策",就是"銓度此二策",也就是
"衡量這兩種計策"。

### 196. 原文:何者? 嚴大國之威以修敬也。

譯文:這是爲什麼呢? 這是尊重您大國的威嚴表示敬意啊。

學海按:"嚴"當作"畏"解。(《楚辭·離騷》:"湯禹嚴而祗敬
兮。"王逸注:"嚴,畏也。")

### 197. 原文:相如度秦王特以詐佯爲予趙城,實不可得。

學海按:"爲"同"僞"。"詐佯僞"三字同義,是三音節的同義
複合詞。三音節的同義複合詞,在古漢語裏常見,如"覽相觀於四
極兮"(《離騷》)之"覽相觀","孤特獨立"(《史記·項羽記》)之"孤
特獨","物踴騰躍"(《史記·平準書》)之"踴騰躍","蓄聚積實"
(見《國語·楚語》韋昭注:"實,財也。")之"蓄聚積","衆庶兆民"
(《呂氏春秋·孟冬紀》)之"衆庶兆",("兆"也作"衆"解。"衆庶兆
民"與《禮記·内則》"降德於衆兆民"之"衆兆民"同義。)"士皆垂
淚涕泣"(《荆軻傳》)之"淚涕泣",(《漢書·外戚傳》:"太后發喪,
哭而泣不下。"師古注:"泣,謂淚也。")"閔妃匹合"(《楚辭·天
問》)之"妃匹合",("閔"同"愍",《廣雅》:"愍,愛也。"妃,音配。
《爾雅》:"合,對也。""妃匹合"就是"匹偶"。)都是例證。

### 198. 原文:請奉盆缻秦王以相娛樂

譯文:讓我捧著瓦盆兒請秦王敲一敲,也好互相娛樂。

學海按:譯文以"捧著"代"奉"字是錯誤的。"奉"是"獻給"。
(《廣雅》:"奉,獻也。"《左傳·僖公三十年》:"天奉我也。"杜注:

"奉,與也。")"請奉盆缻秦王",是相如讓旁人獻給秦王盆缻,"奉"上用"請"字是客氣話。如果是相如捧著盆缻,就當說"大王",(下文:"相如請得以頸血濺大王矣。")不當說"秦王"。所以我認爲譯文是錯誤的。(此文可譯作"請獻給秦王瓦盆兒,來互相娛樂"。)"奉盆缻秦王"是雙賓語的句式,這樣句式有兩種:一種是:間接賓語在前,直接賓語在後的,如上文"使人遺趙王書"和"趙亦終不予秦璧"。("趙王"和"秦"都是間接賓語,"書"和"璧"都是直接賓語。)一種是:直接賓語在前,間接賓語在後的,如此文"請奉盆缻(直接賓語)秦王",《漢書·高帝紀》:"又獻玉斗范增。"《戰國策·趙策四》:"范座獻書魏王。"《三國志·武帝傳》注:"賊乃移書太祖。"這兩種雙賓式,前者是普通的,後者是不普通的,(後者尚存在於粵語裏,如"畀錢你"。)所以要把"請奉盆缻秦王"譯作"請獻給秦王瓦盆兒"。又王念孫謂"請奉盆缻秦王"之"秦"字是"奏"字之誤,理由是"奏"作"進"解,《文選·西征賦》注和《太平御覽·器物部》引此文"奉"作"奏"。我不同意王氏之說。《廣雅》:"奉,進也。"(《周禮·小司寇職》:"小祭祀奉犬牲。"鄭注:"奉,猶進也。")"奏""奉"二字都訓"進",何必以作"奏"者爲是,作"奉"者爲非呢?焉知不是後人引古書而以意改呢!

### 199.　原文:而君畏匿之,恐懼殊甚

譯文:您就怕他躲他,嚇得了不得。

學海按:譯文以"怕"字代"畏"字,以"躲"字代"匿"字都不夠妥當,因爲"匿"作"隱藏"解,和"躲"字不同義,"畏"作"怕"解,就和下面"恐懼"二字的意義重複。王念孫說:"畏匿之,《覽古詩》注引作'畏匿',《感舊詩》注引作'畏之匿'。按作'畏之匿'者,是也,今本'之'字在'匿'字下,則文不成義。"(《讀書雜誌·史記第四》)我以爲"畏匿之"並非文不成義。"畏"同"猥",(《莊子·庚桑楚

篇》："畏壘之山。"《釋文》："畏,本作'猥'。")猥,曲也。(見《文選・報孫會宗書》"而猥隨俗之毀譽也"注。)"曲匿"就是"無微不至地隱藏"。所以下文說"恐懼殊甚"。動詞有"爲動用法"。(爲,讀去聲。)《左傳・襄公十四年》："天生民而立之君。"就是"爲之立君"。《漢書・文帝紀》："天生民,爲之置君以養治之。""爲之置君"與"立之君"同義。(置,立也。)可知"立"字是"爲動用法"。《孟子・梁惠王下》："天降下民,作之君,作之師。"就是"爲之立君,爲之立長"。(作,立也。)趙注曰:"爲作君,爲作長。"是趙氏知道"作"字是爲動用法。今人常説先儒不懂語法,那豈不是誣古人嗎?《孟子・梁惠王下》："則民親其上,死其長矣。"就是"爲其長死"。《論語・憲問篇》："召忽死之。"就是召忽爲之(之,指代公子糾。)死。《管子・形勢解》："明主上不逆天,下不壙地,故天予之時,地生之財。"就是地爲之生財。此文"而君畏匿之",就是"而君爲之曲匿"。

### 200. 原文:公之視廉將軍孰與秦王?

譯文:諸位看廉將軍和秦王哪個厲害?

學海按:譯文裏的"厲害"二字,是在原文裏没有和它同義的字而增添的。爲什麽原文裏没有作"厲害"解的字,而憑空地添上呢?就因爲没有瞭解"孰與"二字的意義。古人謂"何如"曰"孰與",亦曰"何與",(説見《經傳釋詞》"與"字條。)都作"怎麽樣"解。"公之視廉將軍孰與秦王",就是"你們看廉將軍比秦王怎麽樣"。《戰國策・齊策》："救趙孰與勿救?"(勿,不也。)就是"救趙國比不救趙國怎麽樣"。司馬相如《子虛賦》："楚王之獵,孰與寡人乎?"就是"楚王的打獵比寡人的打獵怎麽樣呢"。《戰國策・趙策》："與秦王何如不與?"就是"給秦國城比不給秦國城怎麽樣"。《三國志・蜀志・董厥傳》："樊建何如宗預也?"就是"樊建比宗預怎麼樣呢"。此上三個"孰與"和兩個"何如"的下面都省略了"於"字,"於"作"比"解,(如"苛政猛於虎",就是"苛政比虎猛"。)所以譯成現代漢語必須把"比"字添出來。(如《漢書·賈捐之傳》:"人情莫親父母,莫樂夫婦。"是在"親"下和"樂"下都省略了"於"字。譯成現代漢語,當把和"於"字同義的"比"字添出來,就是"人情沒有比父母親近的,沒有比夫妻歡樂的"。)也有不省略"於"字的例子,如張衡《西京賦》:"此何與(即何如)於殷人屢遷,前八而後五?"就是"這比殷人屢遷都,前有八次,後有五次怎麼樣呢"。由以上各例看來,可知"孰與"二字連言和分言是意義不同的,如《戰國策·齊策一》:"吾孰與徐公美?""吾與徐公孰美?"前者當譯爲"我比徐公的美麗怎麼樣",後者當譯作"我和徐公誰美麗"。

# 附録:裴學海著述簡表

**1921 年**

4 月 22 號,在天津《益世報》發表《新華大舞臺賦》(以文武亂打一齣戲爲韻),署名會川。

12 月 7 號,在天津《益世報》發表《白子瑞先生誄》,署"灤縣裴學海"。

**1922 年**

本年度開始,一直至 1928 年,以"會川""水心"爲署名形式,在天津《益世報》第四張"諧文""諧詩""諧詞"專欄發表了大量作品和學術研究成果。諧文,以《詩經》《左傳》《四書》等文獻,做了大量集句文字。

11 月 4 號,在天津《益世報》發表《投稿賦以請求主筆垂青眼爲韻》,署名會川。

11 月 6 號,在天津《益世報》發表《上大總統時局意見書》(續),署會川俊生。

11 月 14 號,在天津《益世報》發表《戲擬銅臭訴冤啓》,署名會川。

12 月 11 號,在天津《益世報》發表《戲擬加入諧文部小啓》,署名會川。

## 1923 年

3 月 21 號,在天津《益世報》發表諧文《廢督裁兵賦》(以百計千方毫無成效爲韻),署名會川。

4 月 3 號,在天津《益世報》發表諧詩《南北何時水乳融》(轆轤體),署名會川。

4 月 14 號,在天津《益世報》發表《滑稽先生傳》(仿古),署名會川。

5 月 5 號,在天津《益世報》發表《倒閣賦》(以一齊下手大拆臺爲韻),署名會川。

5 月 8 號,在天津《益世報》發表諧文《收回旅大賦》(以舉國力争取收回可必爲韻),署名會川。

5 月 13 號,在天津《益世報》發表《政蠹賦》(以蠅營狗苟蠹國肥身爲韻),署名會川。

5 月 25 號,在天津《益世報》發表諧文《假面具賦》(以是誰作俑造此惡因爲韻),署名會川。

6 月 6 號,在天津《益世報》發表諧詩《財政難》(仿李白《蜀道難》並次其韻),署名會川。

6 月 7 號,在天津《益世報》發表諧文《記統一先生與華氏老人一席話》,署名會川。

6 月 9 號,在天津《益世報》發表《兵匪原來本一邱(轆轤體)》,署名會川。

6 月 11 號,在天津《益世報》發表《直奉和平賦》(以燕雲百姓盡歡樂歌爲韻),署名會川。

6 月 12 號,在天津《益世報》發表諧詩《哀華票》(仿杜甫《哀江頭》步元韻),署名會川。

6 月 16 號,在天津《益世報》發表《新詩經》,署名會川。

6月21號,在天津《益世報》發表《詠國民外交次寄菴先生書感韻》,署名會川。

6月24號,在天津《益世報》發表《公民團請願賦》(以群出風頭大逼宮爲韻),署名會川。

7月10號,在天津《益世報》發表《戲擬命令先生訴冤啓》,署名會川。

7月21號,在天津《益世報》發表《戲擬選憲聯名致議員電》,署名會川。

7月26號,在天津《益世報》發表《新詩經》,署名會川。

8月3號,在天津《益世報》發表《新詩經》,署名會川。

8月14號,在天津《益世報》發表《戲擬前臨城被擄之新舊華票聯名致孫美瑶電》,署名會川。

8月17號,在天津《益世報》發表《戲擬政府致國會書》,署名會川。

8月20號,在天津《益世報》發表《戲擬法律致各要人通電》《豬仔先生傳》,署名會川。

8月28號,在天津《益世報》發表《誰道今年勝去年》(轆轤體),署名會川。

9月11號,在天津《益世報》發表《戲擬憲法致大選書》,署名會川。

9月14號,在天津《益世報》發表《拆台派致搭台派電》,署名會川。

9月19號,在天津《益世報》發表《説變態》,署名會川。

9月21號,在天津《益世報》發表《新論語》,署名會川。

9月25號,在天津《益世報》發表《應時月餅公司開幕廣告》,署名會川。

9月29號,在天津《益世報》發表《戲擬大褂公民啓事》,署名會川。

10 月 1 號,在天津《益世報》發表《新詩經》,署名會川。

10 月 29 號,在天津《益世報》發表《統一先生傳》,署名會川。

10 月 30 號,在天津《益世報》發表《説臺》,署名會川。

11 月 13 號,在天津《益世報》發表《豬仔争長賦》(以題爲韻),署名會川。

11 月 14 號,在天津《益世報》發表《組閣競争賦》(以鷸蚌相持漁翁獲利爲韻),署名會川。

11 月 17 號,在天津《益世報》發表《説癖癮》,署名會川。

11 月 19 號,在天津《益世報》發表諧詩《時局滄桑似弈棋》(轆轤體),署名會川。

11 月 23 號,在天津《益世報》發表《戲擬憲法先生宣言》(集四書句),署名會川。

12 月 20 號,在天津《益世報》發表《説傳染性》,署名會川。

12 月 27 號,在天津《益世報》發表《贈偉人聯》,署名會川。

12 月 29 號,在天津《益世報》發表《感時五首》(用杜工部《諸將五首》原韻),署名會川。

**1924 年**

1 月 6 號,在天津《益世報》發表《元旦後之回顧諧詠》,署名會川。

1 月 7 號,在天津《益世報》發表《今之土匪現象與易經卦辭之應合談》,署名會川。

1 月 11 號,在天津《益世報》發表諧詩《時事雜詠》,署名會川。

1 月 18 號,在天津《益世報》發表《憲法致各偉人通電》,署名會川。

1月 22 號,在天津《益世報》發表《國會先生傳》,署名會川。

1月 23 號,在天津《益世報》發表《土匪致丘八書》,署名會川。

1月 25 號,在天津《益世報》發表諧文《和平統一先生宣言》(集四子句),署名會川。

1月 29 號,在天津《益世報》發表諧文《年關先生宣言》(集四書句),署名會川。

2月 18 號天津《益世報》第四版發表《友人吳傑民見訪即席口占四絕》,署名裴會川。

2月 25 號,在天津《益世報》發表諧文《國權國利聯名致民意通電》,署名會川。

2月 29 號,在天津《益世報》發表《議員對於副座問題又大有將票居奇之致即事感而賦此》,署名會川。同版《丘八反對裁汰之理由通電》,署名水心。

3月 28 號,在天津《益世報》發表諧文《府方對於王孫不和之論調》(集四子句),署名會川。

4月 11 號,在天津《益世報》發表《財王不滿意於索薪者之論調》(集四子句),署名會川。

4月 22 號,在天津《益世報》發表《直奉和議談》(集四子句),三年會川。

4月 23 號,在天津《益世報》發表諧文《舊句新解之中俄交涉》,署名會川。同版有署名水心之《財王辭職之批評》(集四子句)。

5月 1 號,在天津《益世報》發表《丘八勢力炎熾之理由》,署名會川。

5月 4 號,在天津《益世報》發表《舊句新解之蒙局》,署名會川。

5月9號,在天津《益世報》發表諧文《孫閣提倡裁員以戲諷財王之論調》(集四子句),署名會川。

5月13號,在天津《益世報》發表《中黃君致外赤氏書》,署名會川。

5月20號,在天津《益世報》發表《衆院改選及副座選舉之沈寂原因》,署名會川。

5月21號,在天津《益世報》發表諧文《府方對於王孫之論調》(集《左傳》句),署名會川。

5月22號,在天津《益世報》發表《當局對於拉夆之批評》(集《左傳》句),署名會川。

5月24號,在天津《益世報》發表《衆議員反對兼官議員宣言》(集《左傳》句),署名會川。

6月6號,在天津《益世報》發表《說稷》,署名會川。

6月8號,在天津《益世報》發表《蘇省議員自述流會延期之理由通電》,署名會川。

6月10號,在天津《益世報》發表《孫閣辭職之原因》,署名會川。

6月16號,在天津《益世報》發表《金佛郎案致德債票案書》,署名會川。

6月19號,在天津《益世報》發表《外交失敗之理由》,署名會川。同版《甲乙解》,署名水心。

6月20號,在天津《益世報》發表《推測辦金德兩案者之用意》,署名會川。

6月24號,在天津《益世報》發表《金案難辦之原因》,署名會川。

6月25號,在天津《益世報》發表《辦法二字之弦外音》,署名會川。

6月27號,在天津《益世報》發表《不倒翁先生傳》,署名會川。

6月28號,在天津《益世報》發表《某財長致孫揆書》(集四子句),署名會川。

6月29號,在天津《益世報》發表《對於議員以德案換歲費之批評》(集四子句),署名會川。

7月5號,在天津《益世報》發表《孫王不合作之原因》,署名會川。

7月10號,在天津《益世報》發表《辦德發案之取義》,署名"會川"。

7月12號,在天津《益世報》發表《票匭先生傳》,署名會川。

7月13號,在天津《益世報》發表《原潮之起因》,署名會川。

7月15號,在天津《益世報》發表諧文《舊句新解之孫閣去職》,署名會川。

7月26號,在天津《益世報》發表《舊句新解之顧代閣》,署名會川。

7月28號,在天津《益世報》發表《研究顏閣同意案之通過方法》,署名會川。

8月5號,在天津《益世報》發表《説疏通》,署名會川。同版《預測金佛郎案之辦成日期》,署名水心。

8月6號,在天津《益世報》發表《我對於南省水火之樂觀》,署名會川。同版《擁顏派致反顏派書》,署名水心。

8月9號,在天津《益世報》發表諧文《同意票反對議員之賣己宣言》(集四子句),署名會川。

8月11號,在天津《益世報》發表諧文《同意公司啓事》,署名會川。

8月13號,在天津《益世報》發表《水患致弄潮兒書》,署名會川。

8 月 14 號,在天津《益世報》發表《說馬蜂派及頭髮黨》,署名會川。

8 月 20 號,在天津《益世報》發表《論小孫派》,署名會川。同版《顧代閣延長之理由》,署名水心。

8 月 21 號,在天津《益世報》發表諧文《舊句新解之赤化》,署名會川。又同版有署名"水心"之《反顏派之舉動反古說》。

8 月 26 號,在天津《益世報》發表《昆明湖魚致太平湖店客》,署名會川。

9 月 1 號,在天津《益世報》發表諧文《同意票致孔方兄》,署名會川。

9 月 5 號,在天津《益世報》發表諧文《匪食瓜於警局門前之用意》,署名會川。

9 月 6 號,在天津《益世報》發表《金融起風潮之主要原因》,署名會川。

9 月 10 號,在天津《益世報》發表《說風雲》,署名會川。

9 月 20 號,在天津《益世報》發表《人命致地盤書》,署名會川。

10 月 2 號,在天津《益世報》發表《顏閣通過之原因》,署名會川。

10 月 10 號,在天津《益世報》發表諧文《國慶先生拒阻慶賀宣言》(集四子句),署名會川。同版尚有署名水心之《重三重五重九等節聯名賀雙十節壽誕書》,未知是否裴學海文字。

10 月 12 號,在天津《益世報》發表《牛猿對話》,署名會川。

10 月 18 號,在天津《益世報》發表《地盤致軍閥書》,署名會川。

10 月 25 號,在天津《益世報》發表《東北各戰區致東南各戰區書》,署名會川。

10月26號,在天津《益世報》發表《山海關宣言》(集四子句),署名會川。

10月29號,在天津《益世報》發表諧文《説山海關》(集四子句),署名會川。同版《軍火先生傳》,署名水心。

11月2號,在天津《益世報》發表《炸彈致飛機書》,署名會川。

11月13號,在天津《益世報》發表《和平統一致武力統一書》(集四子句),署名會川。

11月21號,在天津《益世報》發表《説京津》(集四子句),署名會川。

11月22號,在天津《益世報》發表《戲擬政府裁兵佈告》,署名會川。

11月25號,在天津《益世報》發表《和平先生宣言》(集四子句),署名會川。

11月29號,在天津《益世報》發表《十六年的牌示宣言》,署名會川。又同版《真正和平啓事》,署名水心。

12月2號,在天津《益世報》發表《武力統一復和平統一書》(集四子句),署名會川。同版《共和致共管書》,署名水心。

12月6號,在天津《益世報》發表《護兵等致歉山東某省長書》(集四子句),署名會川。

12月7號,在天津《益世報》發表《地盤啓事》,署名會川。

12月10號,在天津《益世報》發表《統一致分裂書》(集四子句),署名會川。

12月11號,在天津《益世報》發表《和平統一致臨時執政書》(集《左傳》句),書名會川。

12月12號,在天津《益世報》發表《臨時執政對於時局之論調》(集《左傳》句),署名會川。又同版署名水心之《賄選派議員之自述》(集《左傳》句)。

12 月 13 號,在天津《益世報》發表《剪綹者言》,署名會川。

12 月 21 號,在天津《益世報》發表《共和先生宣言》(集四子句),署名會川。

12 月 24 號,在天津《益世報》發表諧文《國民贊成執政之廢督裁兵通電》(集《左傳》句),署名會川。

12 月 28 號,在天津《益世報》發表《憲法宣言》(集四子句),署名會川。

12 月 29 號,在天津《益世報》發表《下野致戀棧書》,署名會川。同版《國民驅逐財魔文》,署名水心。

**1925 年**

1 月 14 號,在天津《益世報》發表《說統》,署名會川。

1 月 19 號,在天津《益世報》發表《陽曆年致陰曆年書》(集《左傳》句),署名會川。同版《共和先生贊成國民會議宣言》(集《左傳》句),署名水心。

2 月 26 號,在天津《益世報》發表《說豫》,署名會川。同版《河南人士致善後會議書》,署名水心。

5 月 27 號,在天津《益世報》發表《詩經之燕》,署名會川。

**1926 年**

6 月 13 號,在天津《益世報》發表《癸亥冬送吳傑民先生返里四律》《贈夏倬儒先生四律》,前者署裴學海會川,後者署裴會川。

6 月 28 號,在天津《益世報》文苑欄目發表《和傑民先生白蓮詩》(元韻)四首,署名會川。

6 月 29 號,在天津《益世報》發表《憶吳傑民先生四絕(乙丑冬季稿)》,署學海裴會川。

7月11號,在天津《益世報》發表《説搭橋》《詠陸閣》,署名會川。同版《杜字之名辭新釋》,署名水心。

7月20號,在天津《益世報》發表《戲擬初小教員訴苦啓》,署名會川。同版《赤縣責赤化書》,署名水心。

8月3號,在天津《益世報》發表《慰留杜顧之古語今釋》,署名會川。

8月20號,在天津《益世報》發表《戲擬國民上傑民先生書》,署名會川。

8月23號,在天津《益世報》發表《不吴不揚新解》,署名會川。

8月29號,在天津《益世報》發表《説教育》(集《尚書》句),署名會川。

10月10號,在天津《益世報》發表《雙十節感賦》(以此節不與他節同爲韻),署名會川。

12月5號,在天津《益世報》發表《説説武學革命》,署名會川。

12月6號,在天津《益世報》發表諧詩《醜化吟》五首,署名會川。

12月13號,在天津《益世報》發表《閣揆似博山於其他各山之影響》,署名會川。

12月14號,在天津《益世報》發表諧詩《博山吟》七首,署名會川。

12月17號,在天津《益世報》發表《詠鏡中人四絶》,署名會川。同版《顧閣辭職》(仿製藝體),署名水心。

12月24號,在天津《益世報》發表《腹賦》(以腹之不同如其面爲韻),署名會川。

## 1927 年

1 月 11 號,在天津《益世報》發表《違心賦》(以知其不可而爲之爲韻),署名會川。

1 月 12 號,在天津《益世報》發表《捧盛賦》(以態度卑鄙堪恥笑爲韻),署名會川。

1 月 17 號,在天津《益世報》發表《病西子賦》(以戰禍波及此佳人爲韻),署名會川。

1 月 19 號,在天津《益世報》發表《冰賦》(以犯内熱者宜飲之爲韻),署名會川。

2 月 8 號,在天津《益世報》發表《捨本逐末》,署名會川。

2 月 14 號,在天津《益世報》發表《華夏生十六自序》,署名會川。同版《新春(調寄〈沁園春〉)》,署名裴學海。

2 月 27 號,在天津《益世報》發表諧詩《春夢諧吟》四首,署名會川。

3 月,在天津《益世報》連載 13 期《水心室隨筆》,首篇有食葉撰序,謂:"《水心室隨筆》一卷,畏友裴君學海作也。學海爲灤縣知名之士,天資英特,腹笥博麗。憶余昔年承李堯然大司鐸召,赴灤縣課讀,因得與君爲莫逆交,詩文質證,更唱迭和,鈄芥相投,樂載晨夕。近君更力治經學,傍參曲證,深造自得。昨忽以隨筆一卷郵示,僕取而觀之,蓋皆讀書有得之言也。因序以發其端焉。"首條下署"灤縣裴學海",計有"論罪人不孥""論不可盡信書""以多者爲言""論秦康公之不如魏顆""辯東萊駁議引用之誤""官不必備惟其人""對作者論斷之疑問""論讀詩宜以意逆志""左氏載怪之不爲非""論鄭忽辭婚之失計""論儒將之可貴""對檀弓注之辯駁""周公之所以爲達孝""會誓夏時即有""讀周稱之贅言""比物醜類""禮義之因時而異""論春秋褒貶之嚴""貧未必爲福賤未必爲極""工執藝事以諫之佐證""魯秉周禮之佐證""論名之尊卑在乎人""萬邦新解""辯左氏論評之非""論魯人不如許人""讀泮水篇書後""禮記多不可據謂實事""春秋時之親不如疏""論湯武之優劣""論周禮之六官""讀詩車鄰篇誌感""唐明皇不如寺人""于時則非禮"。

3月29號,在天津《益世報》發表《對於大學朱子序首句子程子曰之討論》,署名灤縣裴學海。

4月30號,在天津《益世報》發表《歸去來辭(步元韻)》(爲某國代使而作也),署名會川。

8月1號、8月2號、8月3號、8月5號、8月7號、8月8號、8月9號、8月13號、8月14號、8月16號、8月18號、8月20號、8月22號、8月25號、8月26號、8月27號、8月28號、8月29號、8月31號、9月1號、9月2號、9月3號、9月4號、9月5號、9月7號、9月8號、9月14號、9月15號、9月16號、9月17號、9月18號、9月20號、9月27號,在天津《益世報》發表《對於四書講義之研究》,署名裴學海,共連載31期,始於8月2號,終於9月20號。分爲引言(8月1號);(一)舊注釋之誤解指辭者;(8月2號)(二)指辭有虛冒而指其下文者;(8月2號)(三)不知同字異義而失經義者;(8月5號)(四)不知異字同義而失經義者;(五)不明古字通假而失句讀者;(六)(七)經文於"仁""人"二字之通用者;(8月14號)(八)謂爲二字之通用者;(九)疏於詁訓而誤以爲衍文者;(十)舊注釋之含混不明者;(9月17號發表)(十三)不可二字之當作別解者;(十四)不知同字異義而誤音讀者;(十五)不知同聲可通假而誤解者;(十六)何字有盍字之義;(十七)疏於訓詁而疑有闕誤者;(十八)不知通假而謂爲字誤者;(十九)舊注釋之强爲分析者;(二十)養字之當作別解者;(二十一)稱字之當作別解者;(二十二)而能二字之互訓者;(二十三)不知實字活用而致句讀不明者;(二十四)舊注釋之迂曲疏略未得經義者;(8月30號、9月3號、9月4號、9月5號、9月7號、9月8號)(三)之字當作是字(9月14號發表標注號與前後不相屬);(二十五)語詞之疏略及誤解者;(二十六)兩說之均可通者;(二十七)雜解。(9月17號、9月18號、9月20號)

　　8月14號,在天津《益世報》發表《評古書疑義舉例中之謬誤》,署名會川。

　　8月18號,在天津《益世報》發表《效顰的文譚》《評古文尚書偽孔傳與蔡傳之優劣》,署名裴學海。

　　9月20號,在天津《益世報》發表《群經平議正誤》,署名會川。

　　9月22號、9月23號、9月24號、9月26號、9月27號,在天津《益世報》發表《對於朱子詩集傳之批評》,署名會川。

　　9月24號,在天津《益世報》發表《評鄭康成箋注之失誤》,署名會川。

　　9月25號、9月27號,在天津《益世報》發表《評鄭康成箋注之失誤》,署名會川。

　　9月27號,在天津《益世報》發表《群經平議正誤》,署名會川。

### 1928 年

　　4月3號、4月7號、4月11號、4月17號、4月21號、4月27號、5月18號、5月22號、5月25號、5月28號、5月30號、5月31號、6月3號、6月4號,在天津《益世報》發表《經義述聞補正·左傳》,署名會川。

　　6月1號、6月3號、6月4號、6月6號,在天津《益世報》發表《清代小學三大家成績比較》,署名會川。

　　6月12號、6月21號、6月22號、6月24號、6月25號、6月

26 號、6 月 27 號、6 月 30 號,在天津《益世報》發表《經義述聞補正‧尚書》,署名會川。

7 月 14 號,在天津《益世報》發表《文言白話合解(續)》,署名會川。同版《何字之古今語》,署名水心。

7 月 15 號,在天津《益世報》發表《文言白話合解(續)》,署名會川。

7 月 18 號,在天津《益世報》發表《談談與思大王》,署名會川。同版《合解》,署名水心。

7 月 21 號,在天津《益世報》發表《講一句有疑問的論語》,署名會川。

7 月 22 號,在天津《益世報》發表《講一句有疑問的論語》(續),署名會川。

9 月 3 號,在天津《益世報》發表《説説婦稱夫之名稱》,署名會川。

### 1929 年

1 月 20 號,在天津《益世報》發表《王氏經傳釋詞志疑》(二),署名裴學海。

### 1930 年

在《國學論叢》發表《孟子正義補正》。

1930 年畢業後,爲了能保障有一定時間搞研究,裴學海到天津市的一個胡姓官僚家庭教私塾。授課之餘,深入研究古漢語語法。

### 1932 年

9 月 1 號,撰成《古書虛字集釋自叙》。時裴學海寓居英租界

15 號路 22 號。(謝慧霖《壬申南北漫遊日記》載,1932 年 10 月 11 日早上訪裴會川,謂新著《古書虛字集釋》已成。)

**1933 年**

到河北省立一中任教(後改爲天津市第三中學)。

所培育學生多有成爲新中國著名學者或相關領域專家。如現代漢字學研究學者蘇培成等。

本年冬至後五日,李實忱爲裴學海《古書虛字集釋》撰序,贊爲"解經之津梁,讀書之矩矱",後刊於《集釋》書首。

**1934 年**

3 月,在《新天津》第 10 版分 3 期發表《滿蒙歷史的沿革》。

在《鈴鐸》第 3 期發表《尚書成語之研究》《音韻考原》。

10 月,《古書虛字集釋》正式由商務印書館出版,精裝,梁漱溟題簽,李實忱撰序。該書分十卷,共收錄了 290 個虛字。

11 月,在《新天津》分兩期發表《讀詩簡札》。

**1935 年**

4 月,《古書虛字集釋》再版。

在《北强月刊·國學專號》發表《古書疑義舉例四補》。

在《鈴鐸》第 4 期發表《音韻考原》(續)。

**1936 年**

4 月,在《大中時報》分兩期發表《禮記札記》。

5 月—1937 年 6 月,在《大中時報》分 38 期連載《尚書札記》。

在《鈴鐸》第 5 期發表《音韻考原(續):古無齒音考》。

## 1937 年

在《國學》第 1 卷第 1 期發表《中庸疑義訂解》《大學疑義訂解》。

在《國學》第 1 卷第 2 期發表《離騷訂解》。

在《國學》第 1 卷第 3 期、第 4 期發表《尚書盤庚篇釋義》。

在《鈴鐺》第 6 期發表《音韻考原(續附表)》《離騷訂解》。

## 1954 年

在《語文學習》第 3 期發表《古漢語兩種否定句式舉例》。

10 月,中華書局用商務印書館原版重印《古書虚字集釋》,精裝一册,定價 42000 元,首印 2300 册。書前增入裴學海 1954 年 7 月 9 日所撰《重刊的話》,之後即裴氏原有《自叙》,未刊入李序。1980 年 8 月第 2 次印刷時,改爲平裝上下册,印至 11500 册;至 1982 年 6 月第 3 次印刷,印至 42000 册;2004 年 11 月,中華書局用 1954 年紙型印製了一次,謂爲第 2 版第 4 次印刷,至 44000 册。1996 年,上海書店輯印《民國叢書》,《古書虚字集釋》收入第五編第 46 册。

在中國臺灣的出版情況:1962 年 5 月,中國臺北廣文書局用商務印書館原版重印,1969 年 1 月、1971 年 12 月再版。1971 年 5 月,中國臺北泰順書局用中華書局 1954 年本,作爲"大學用書"之一,後附張以仁《經傳釋詞》《經詞衍釋》《古書虚字集釋的假借理論的分析與批評》《古書虚字新義》。1973 年 6 月,臺北新安書局二版,謂爲"新編索引本:音序索引經傳釋詞,筆畫索引經詞衍釋",仍附張以仁論文。1974 年 6 月,臺南世一書局作爲"國學叢書"之一,再版。1975 年 11 月 16 日,臺北成偉出版社發行,泰盛書局總經銷,謂爲"新編索引本:音序索引經傳釋詞,筆畫索引經詞衍釋"。1977年8月,臺北鄉粹出版社出版,謂爲"新編增訂",由林礽乾編校,仍附音序索引經傳釋詞,筆畫索引經詞衍釋。1983年9月16日,臺北漢京文化事業有限公司作爲"四部刊要・經部・小學類"之一出版,書前僅有自叙。

**1955年**

在《語文學習》第3期,和王蔭濃聯合署名發表《幾個虛詞的用法》;編有《古漢語講稿》。

**1956年**

12月,爲所撰《對於高中文學課本注釋的商榷》寫引言。

**1957年**

所編的交流教材《古漢語》(中文系本科三年級、專科二年級用),上下冊,由天津師範學院5月份油印。

同月,《對於高中〈文學〉課本注釋的商榷》,84000字,作爲"天津師範學院叢書之一",由天津師範學院印製,印製3000冊。該文又刊發於《天津師範學院科學論文集刊(人文科學版)》1957年第1期。

**1959年**

在《天津師範學院學報》第1期發表《隋時"支""脂""之"同音考》。

**1961年**

在《河北大學學報》發表《古聲紐"船""禪"爲一、"從""邪"非二考》。

## 1962 年

在《河北大學學報》發表《評高郵王氏四種》。做《慶賀中國醫療組治愈印尼元首腎疾四首》寄給岳美中。

## 1963 年

在《河北大學學報》,和王蔭濃、程垂成、謝質彬聯名發表《〈古代漢語〉上册(第一分册)語法、訓詁問題的商榷》。

## 1966 年

在原籍修訂《古書虚字集釋》完成,此稿不幸遺失。

按:另有年代不詳稿本《毛詩韻》一部 85 頁,用天津世界圖書局製稿紙寫成。半頁 6 行,行 20 字,天頭多有箋識。《裴學海先生遺著五種》油印本一部,收入《切音淺説》《古書疑義舉例續補》《中庸疑義訂解》《大學疑義訂解》《左傳札記》,每篇題目皆署"裴學海會川師遺著"。《古書疑義舉例補》油印本,158 頁。